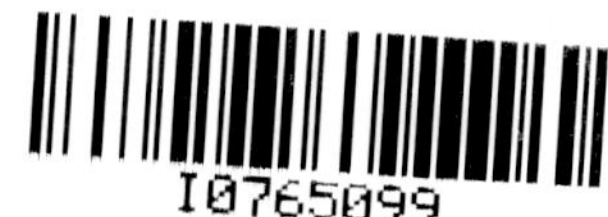

I0765099

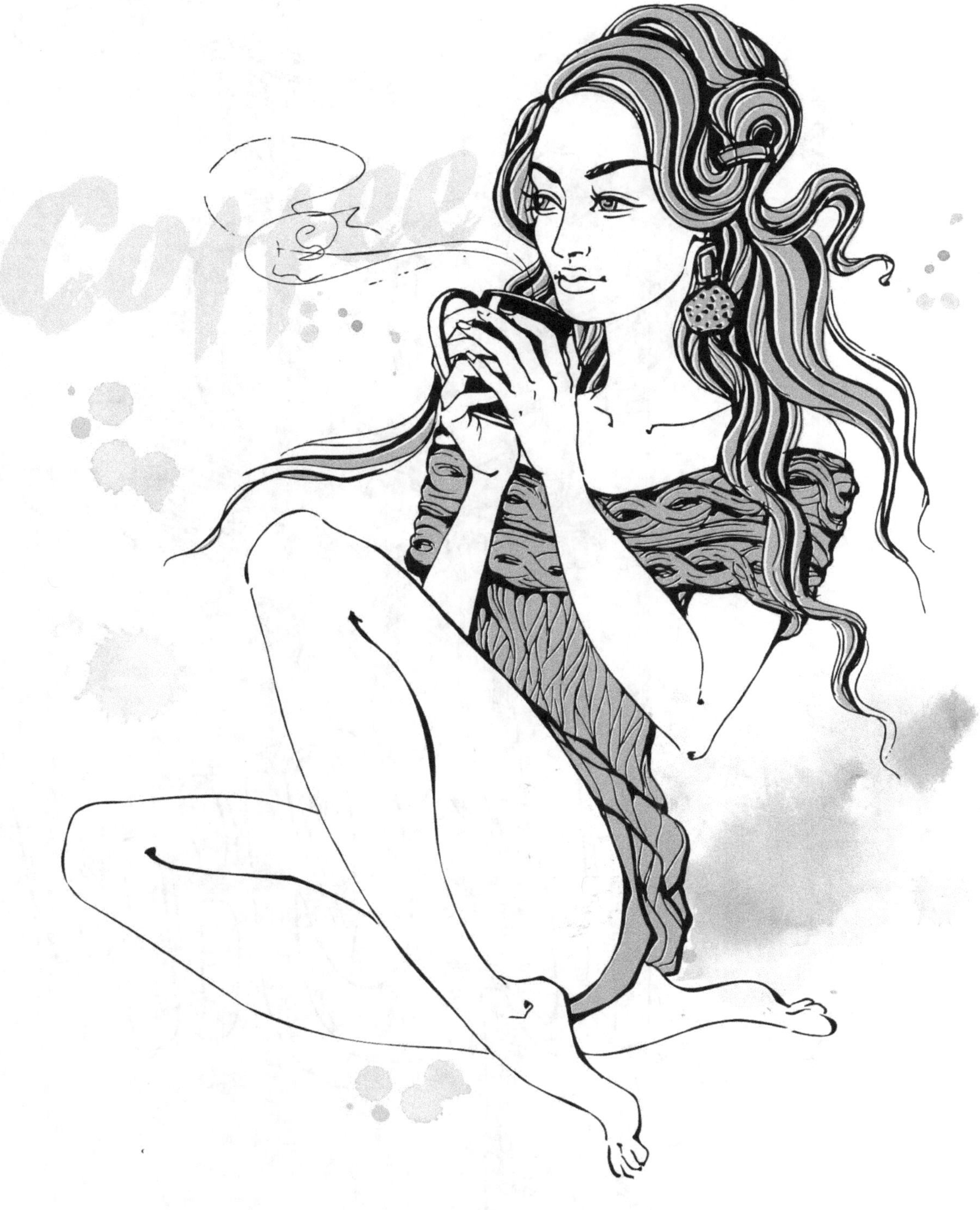

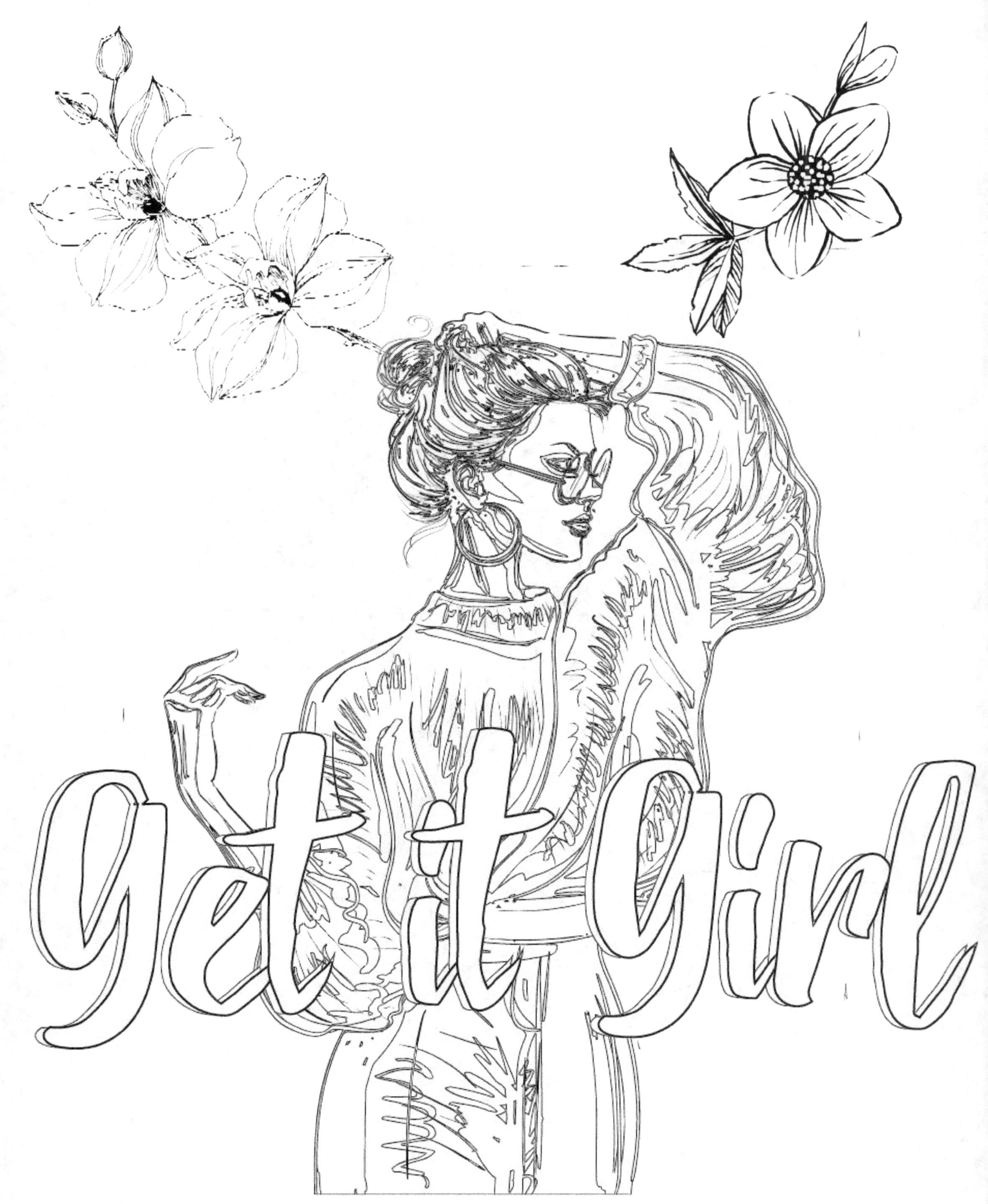
get it girl

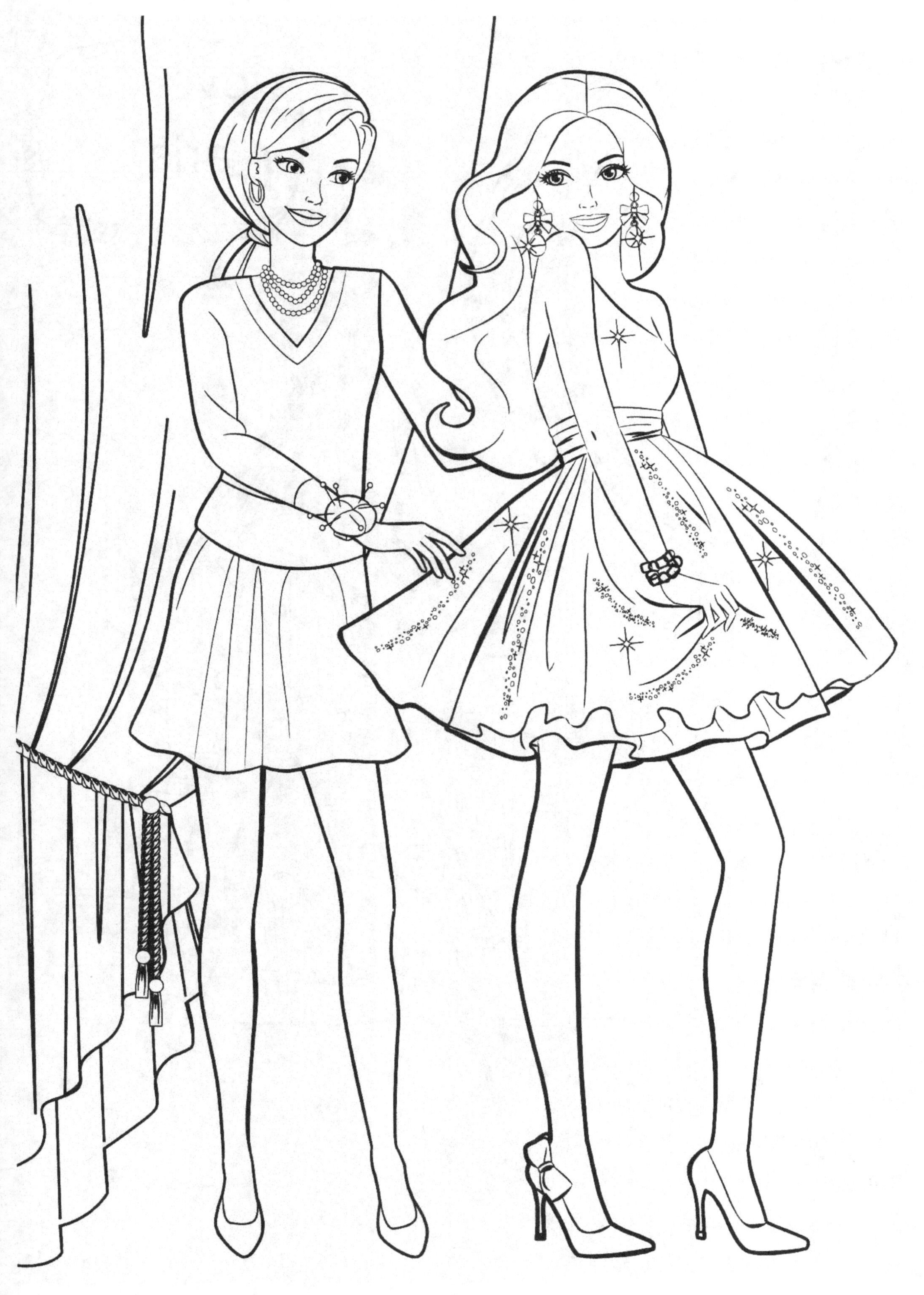

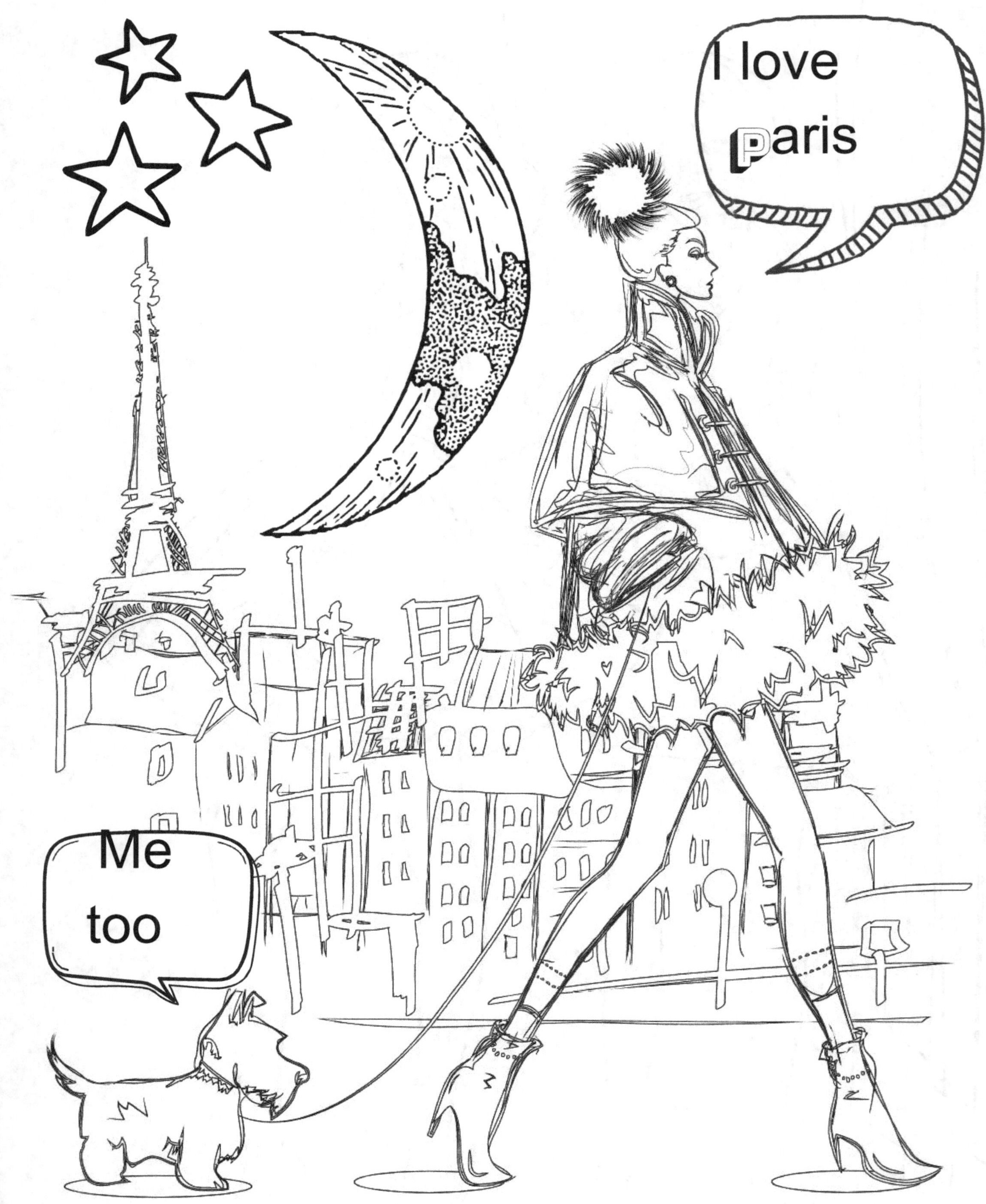

I love paris
Me too

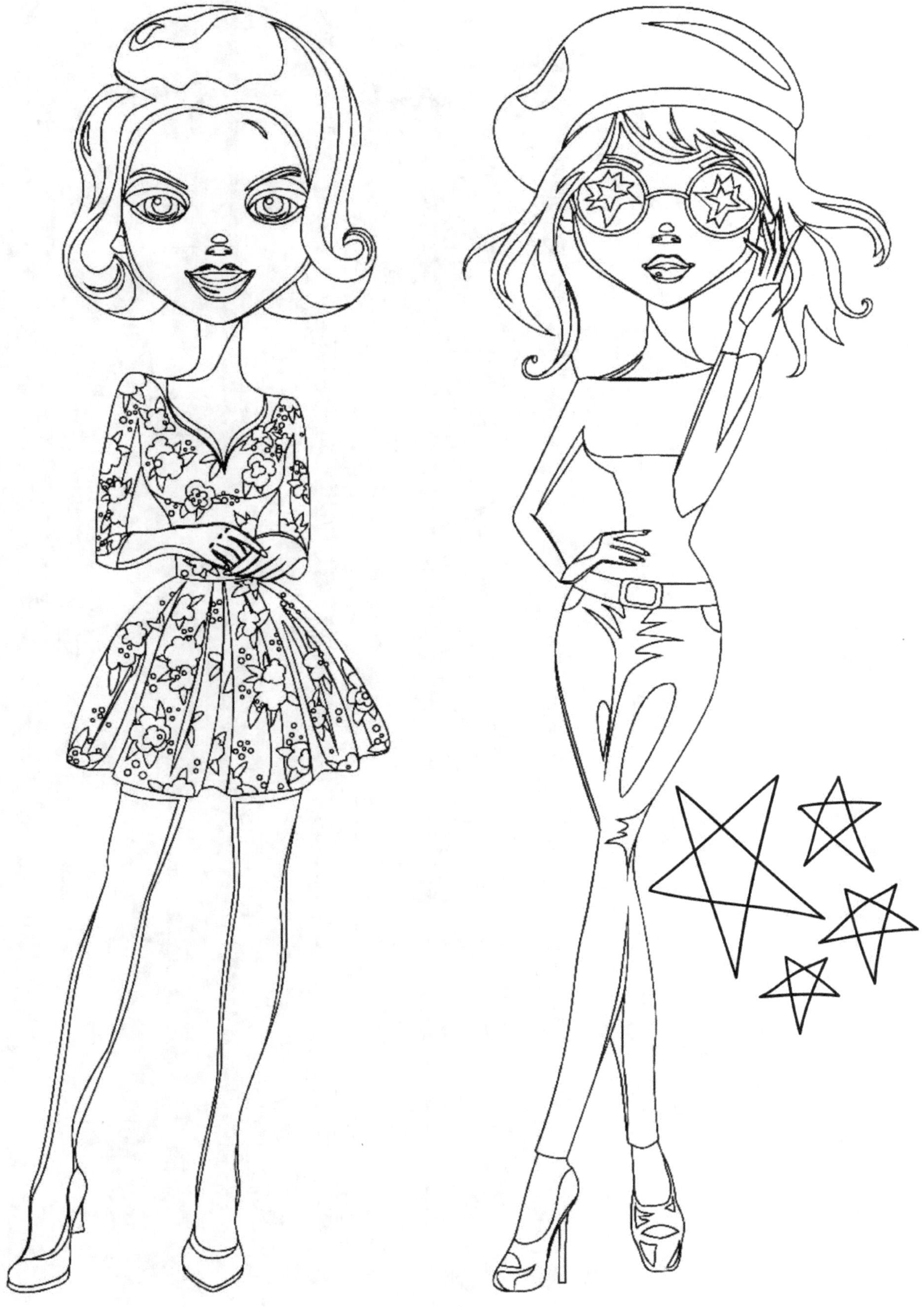

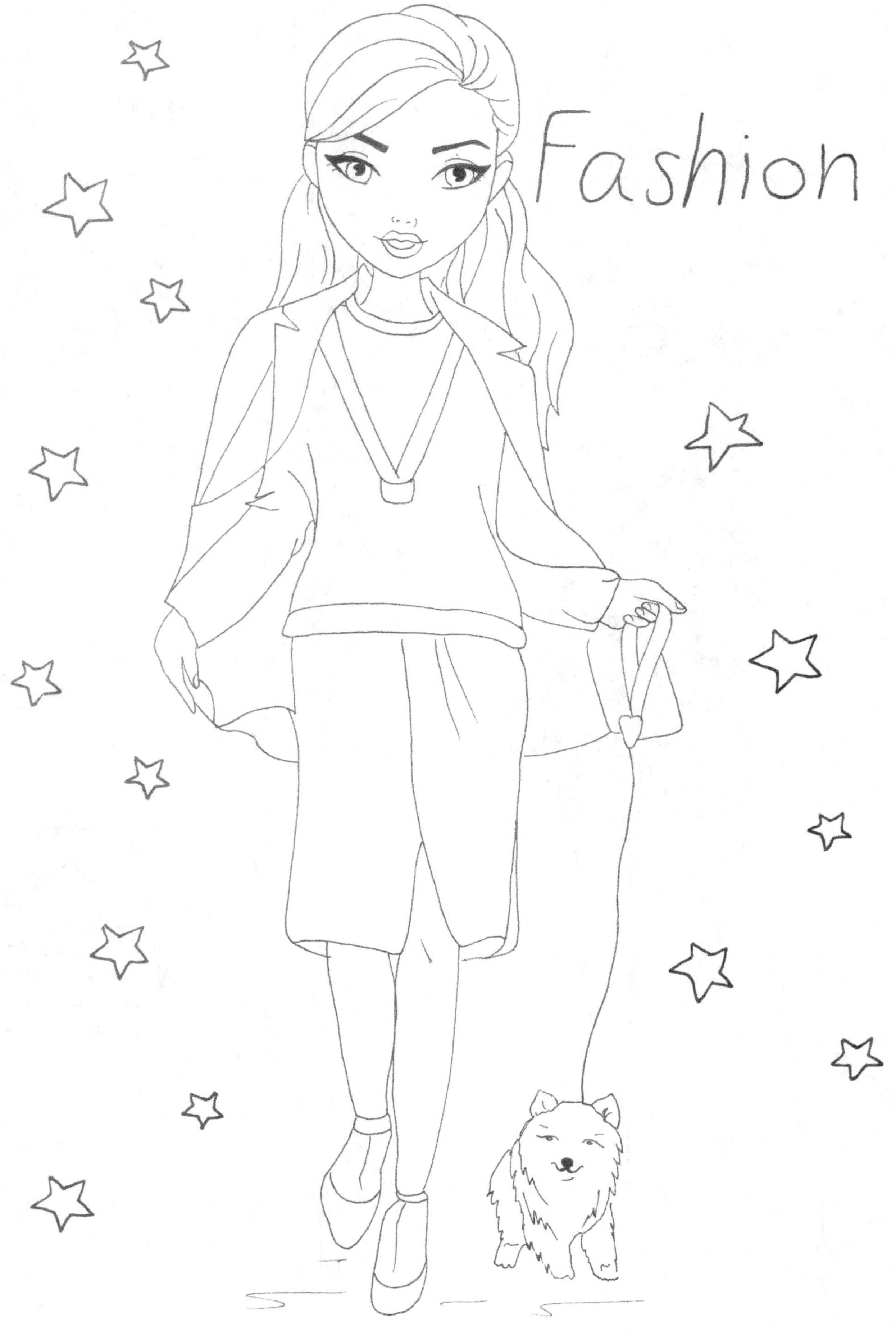

Fashion

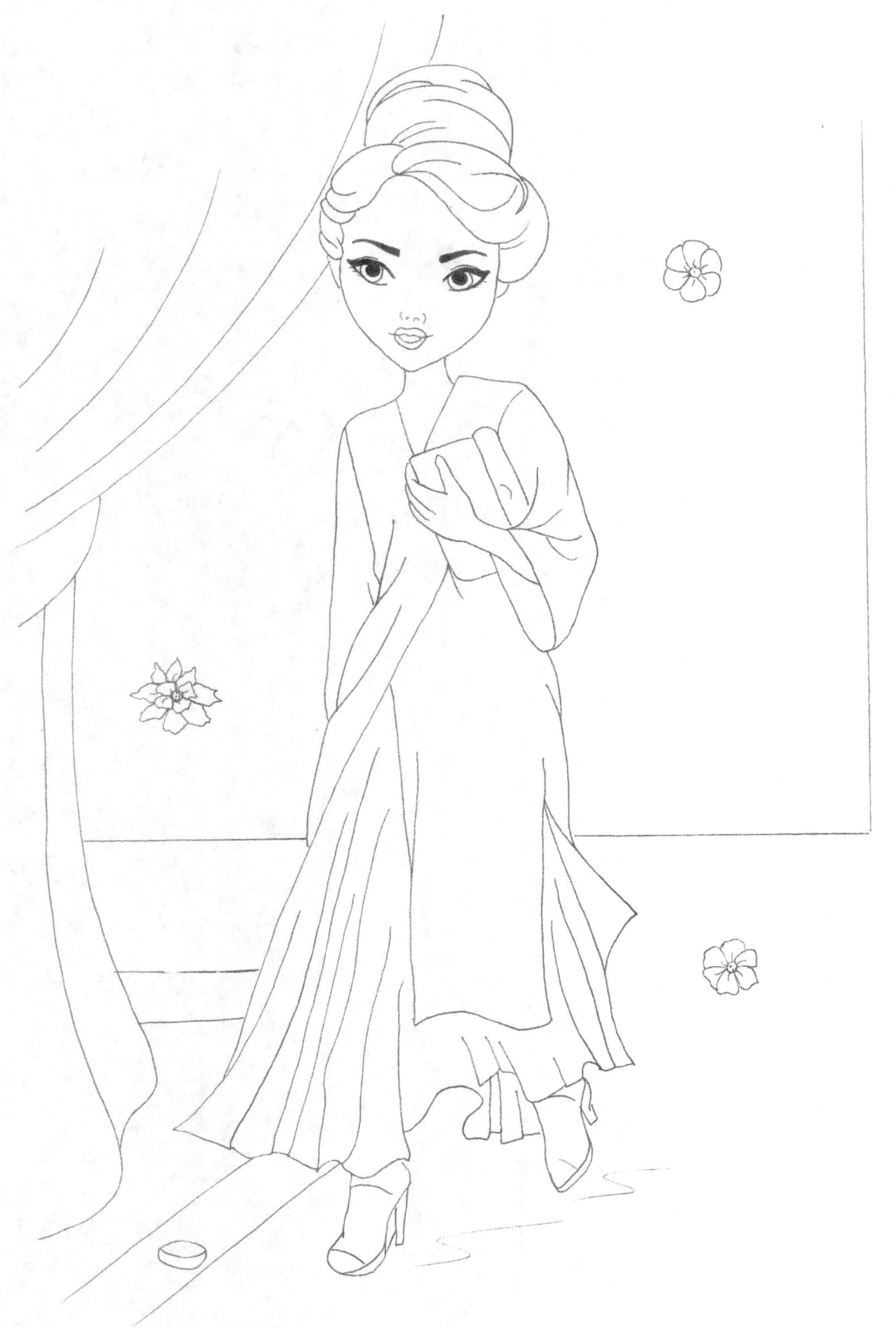

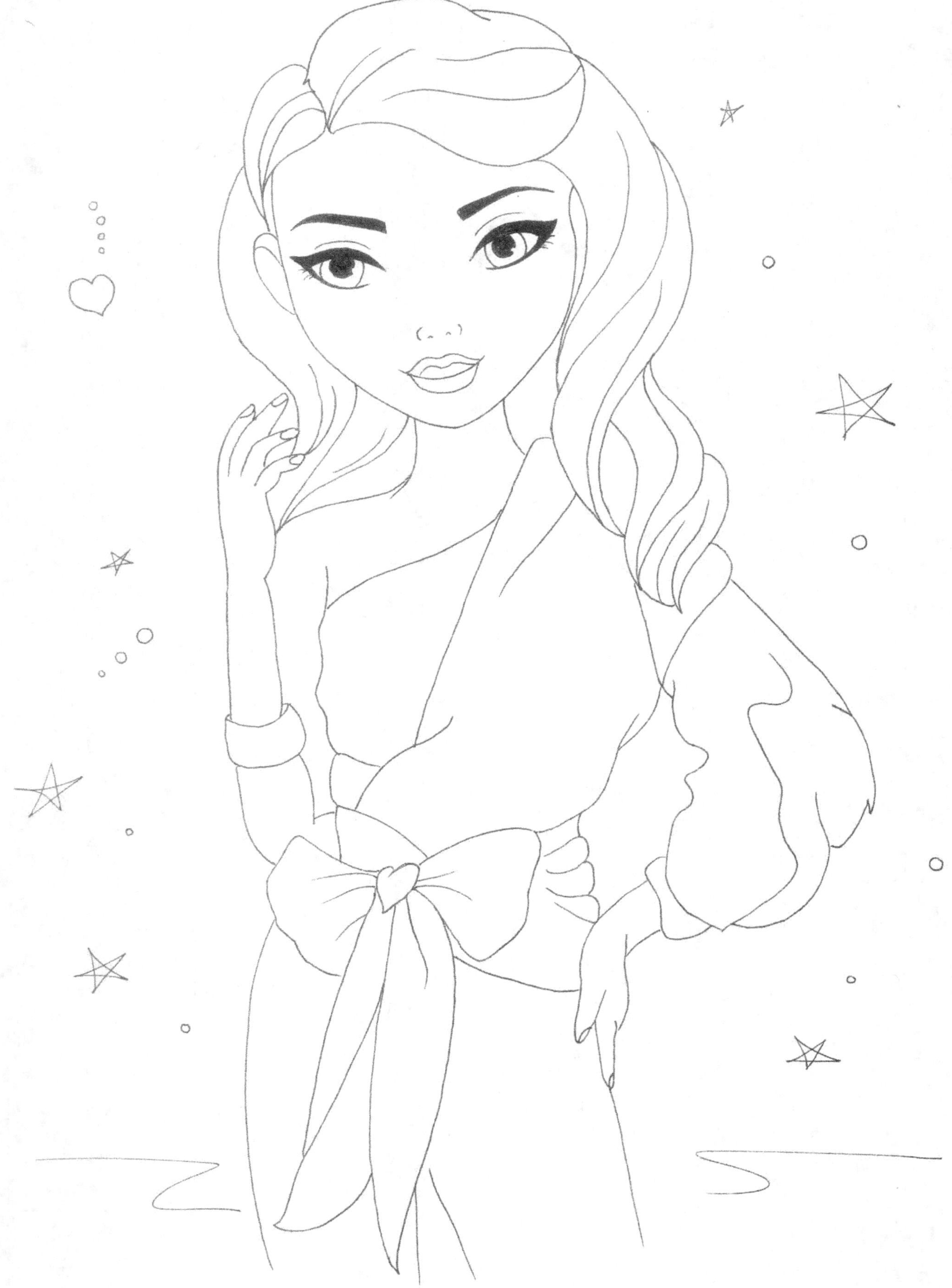

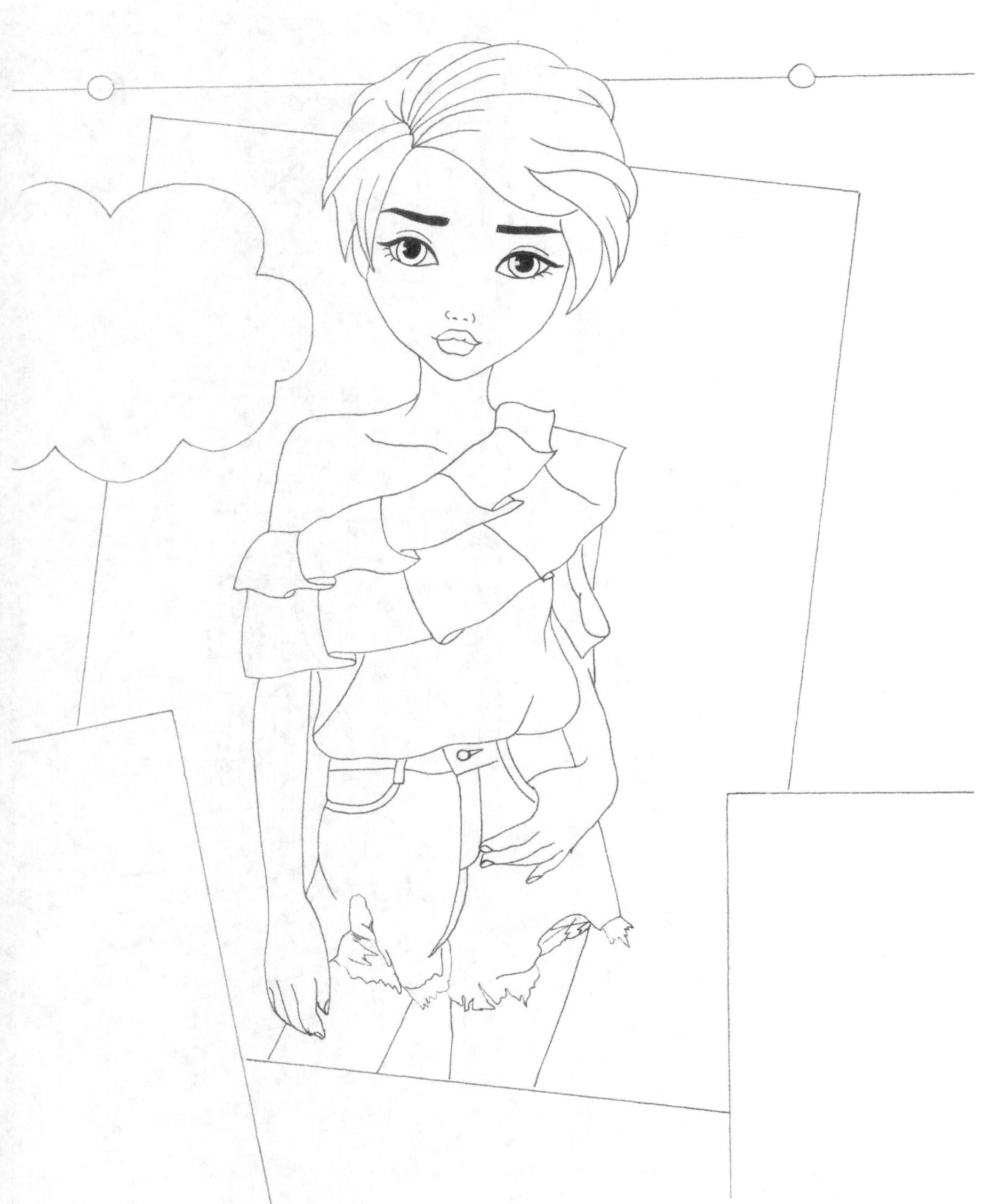

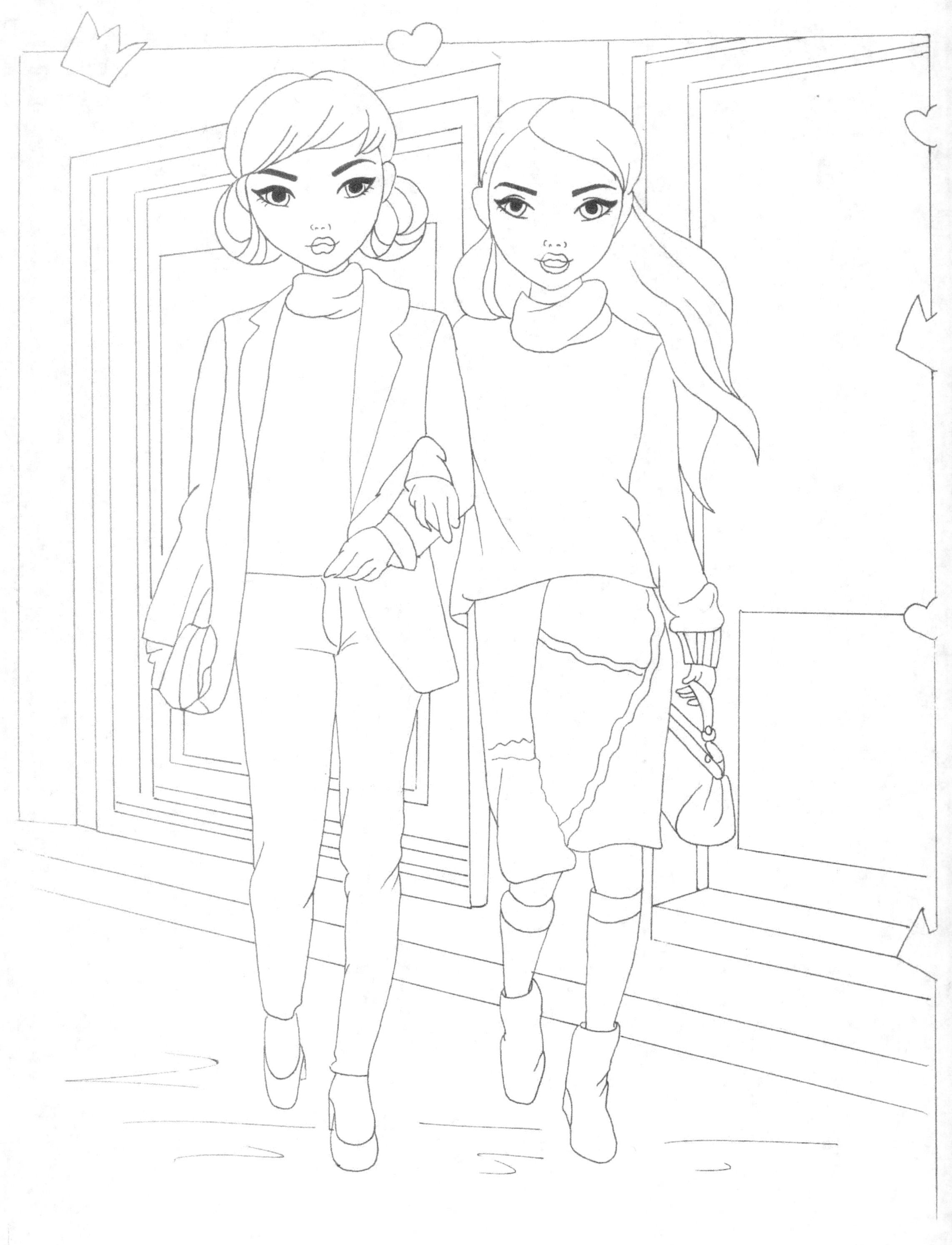

FASHION !

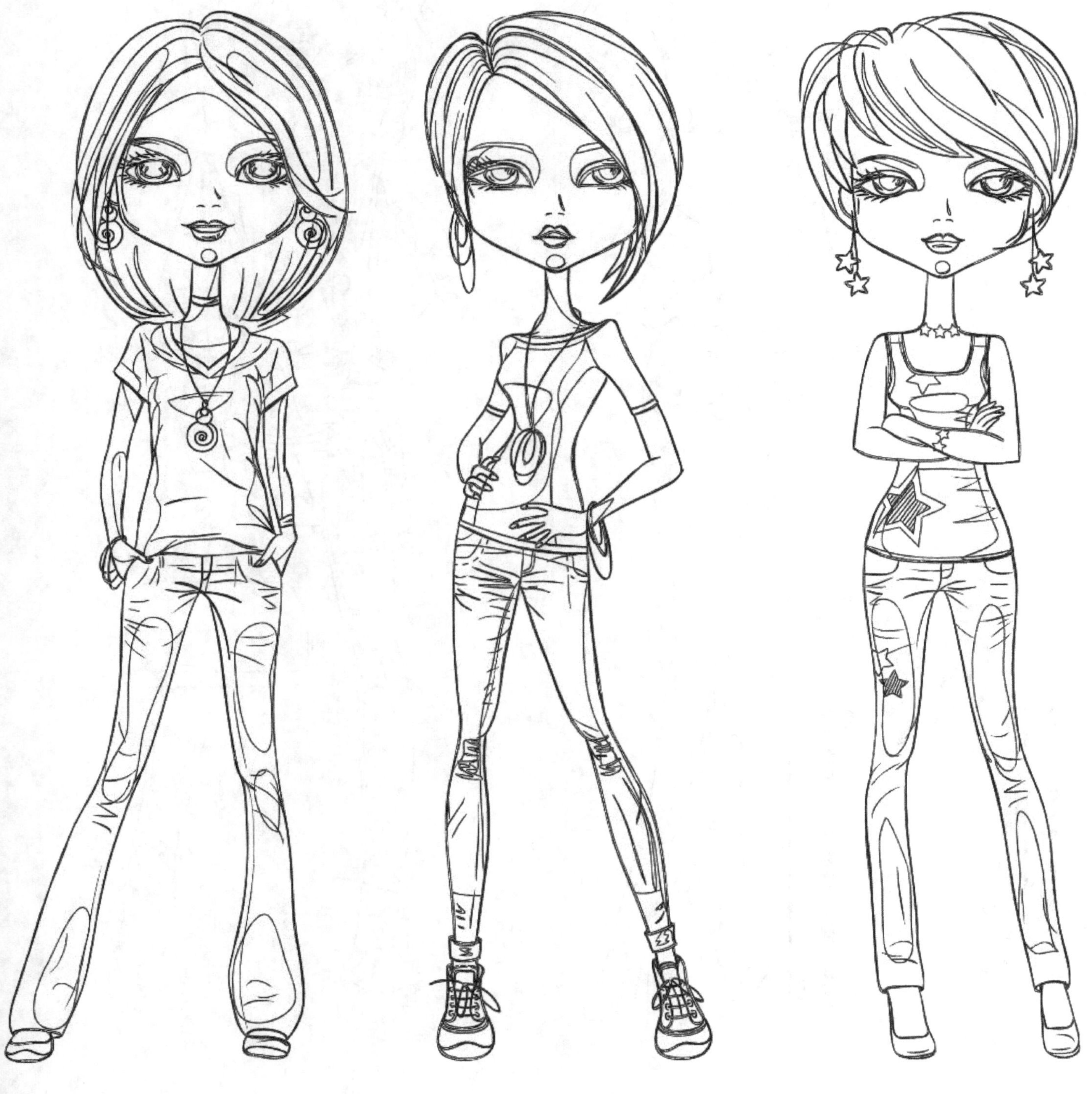

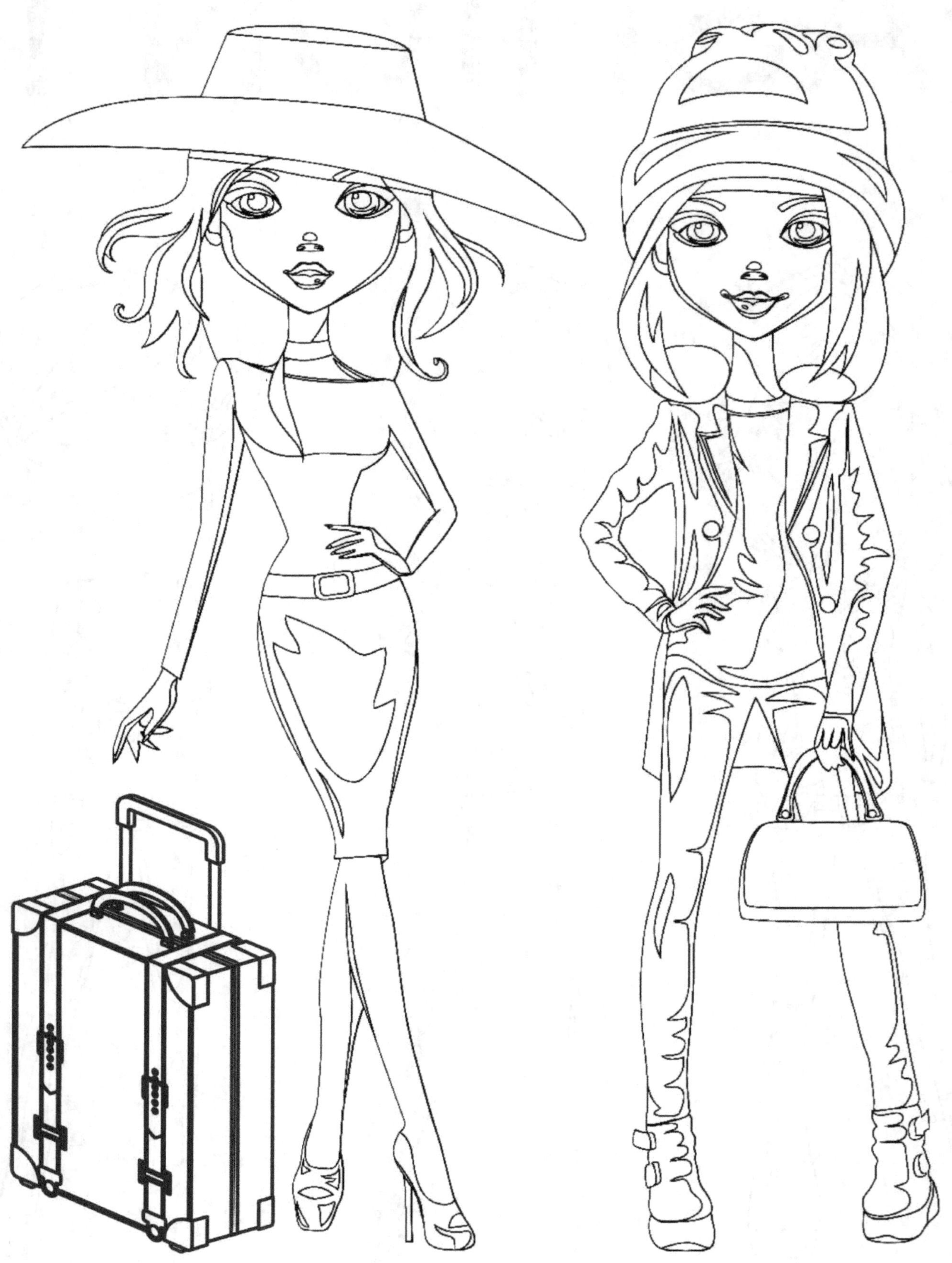

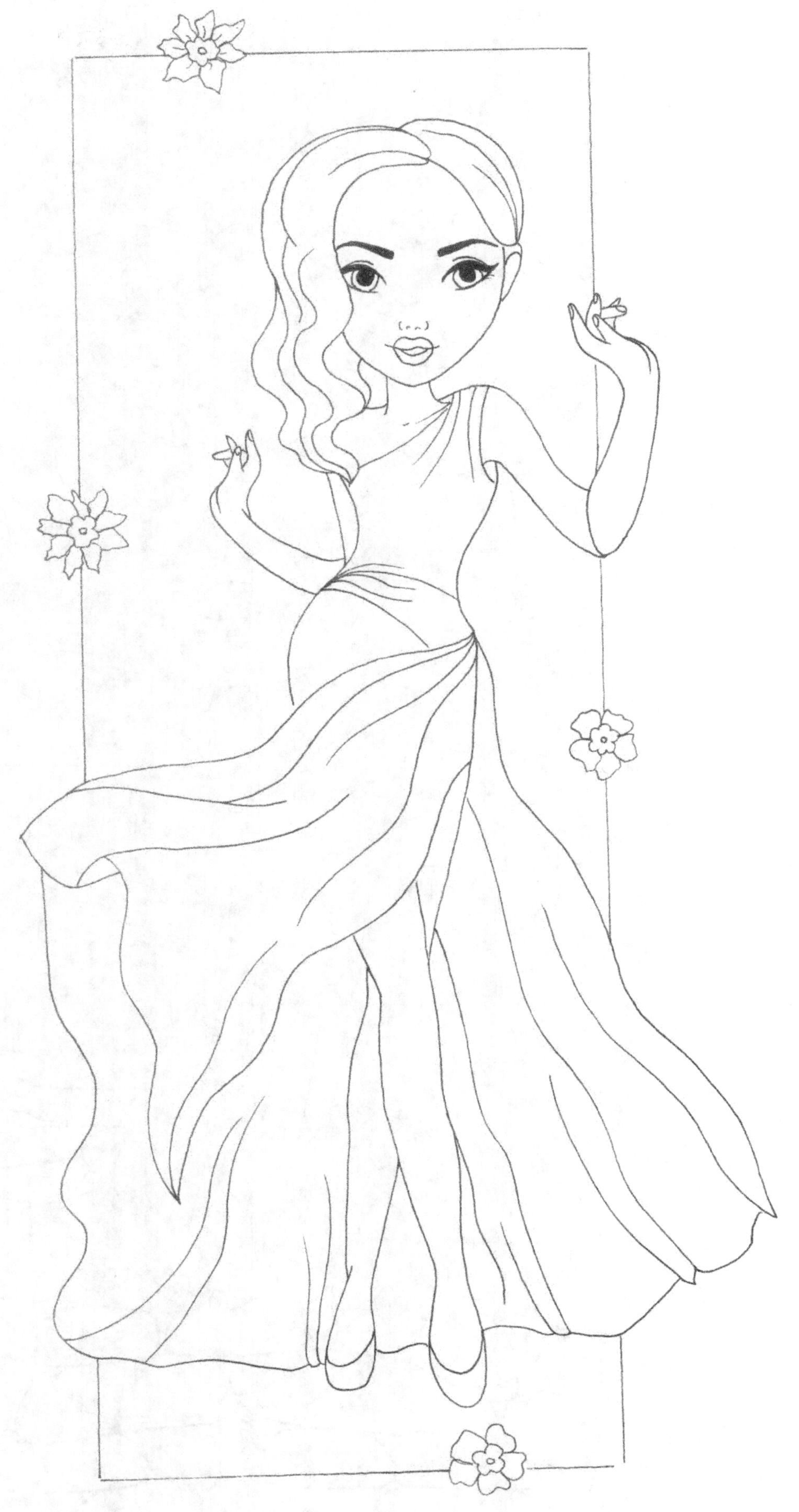

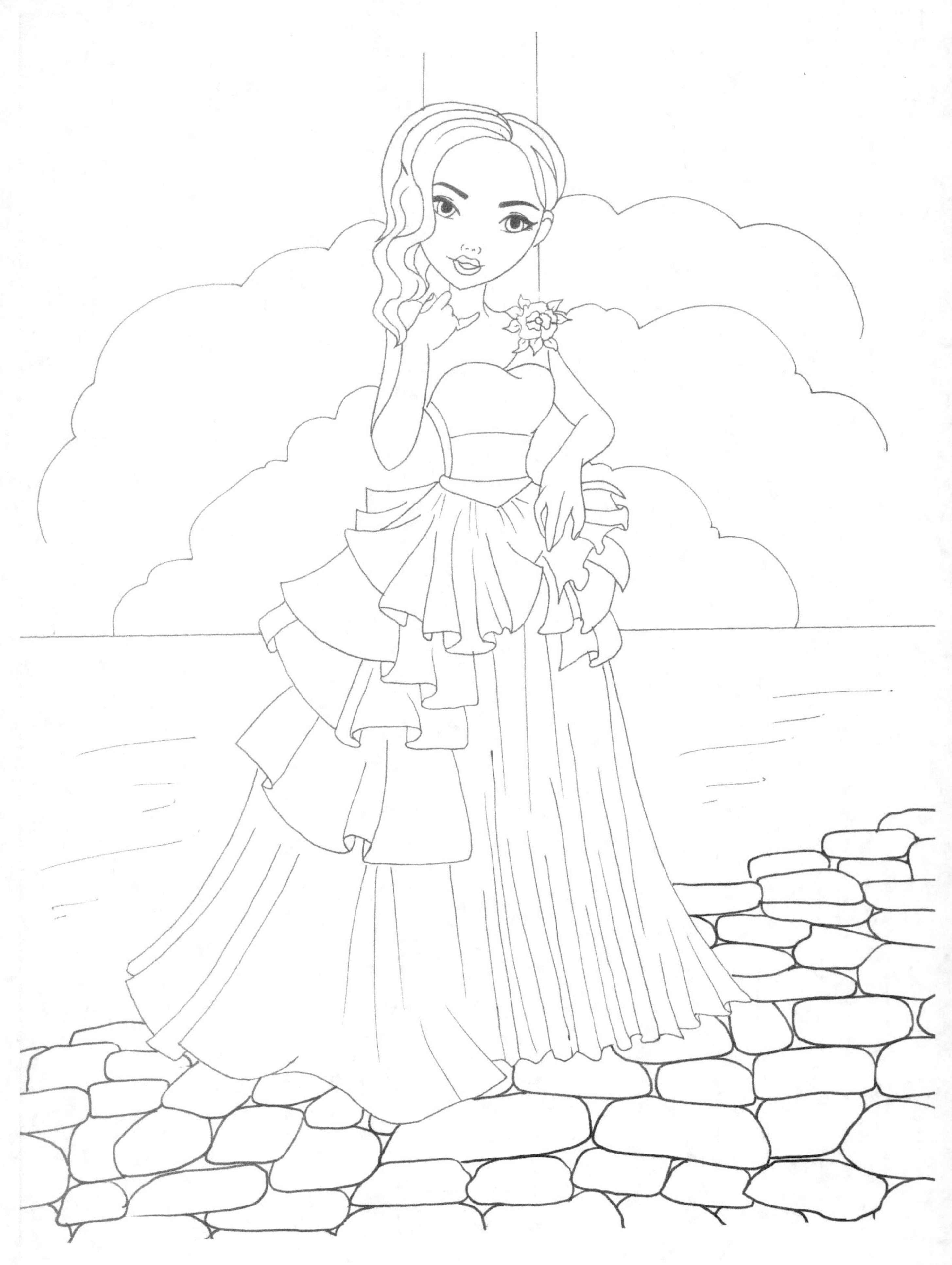

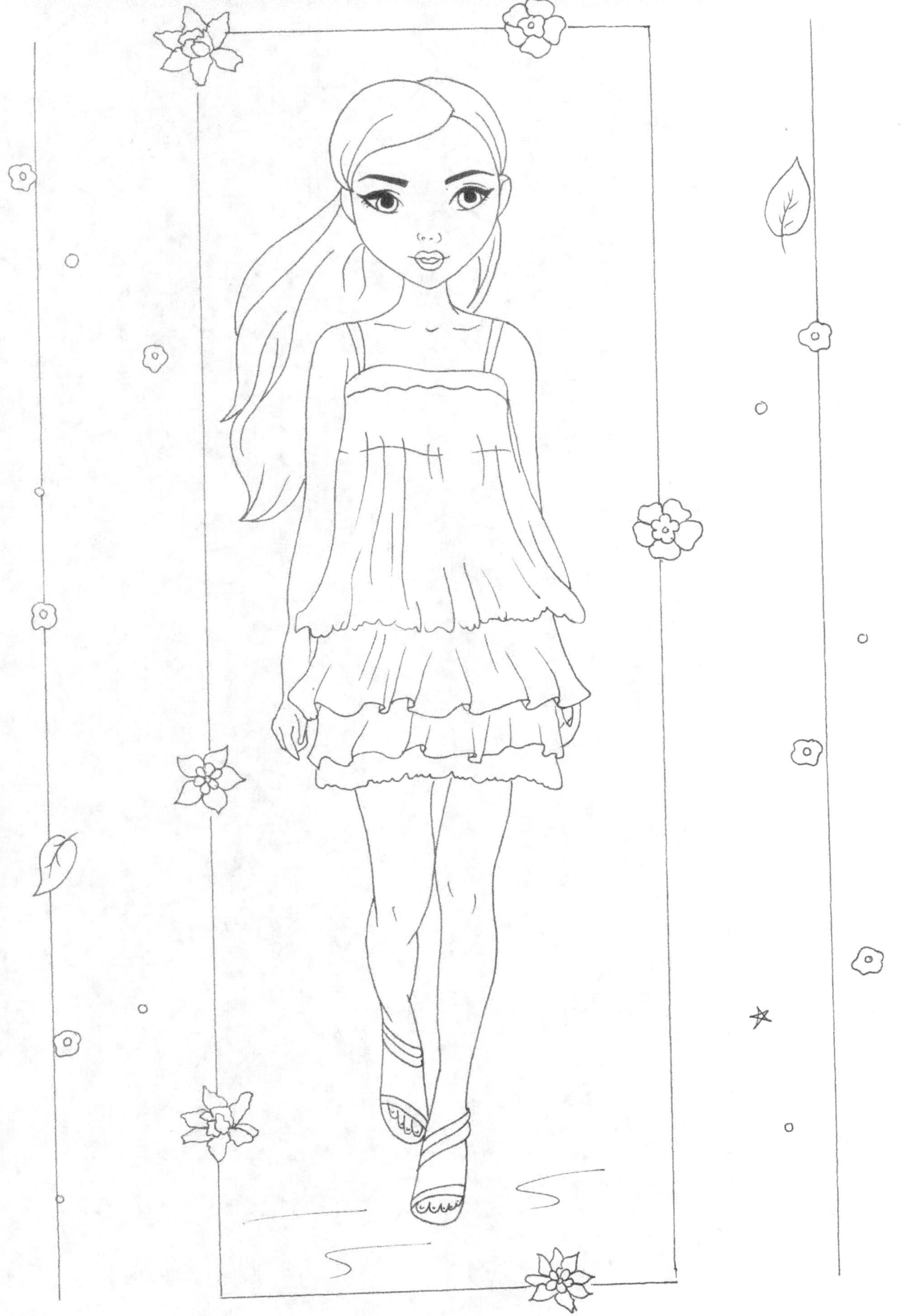

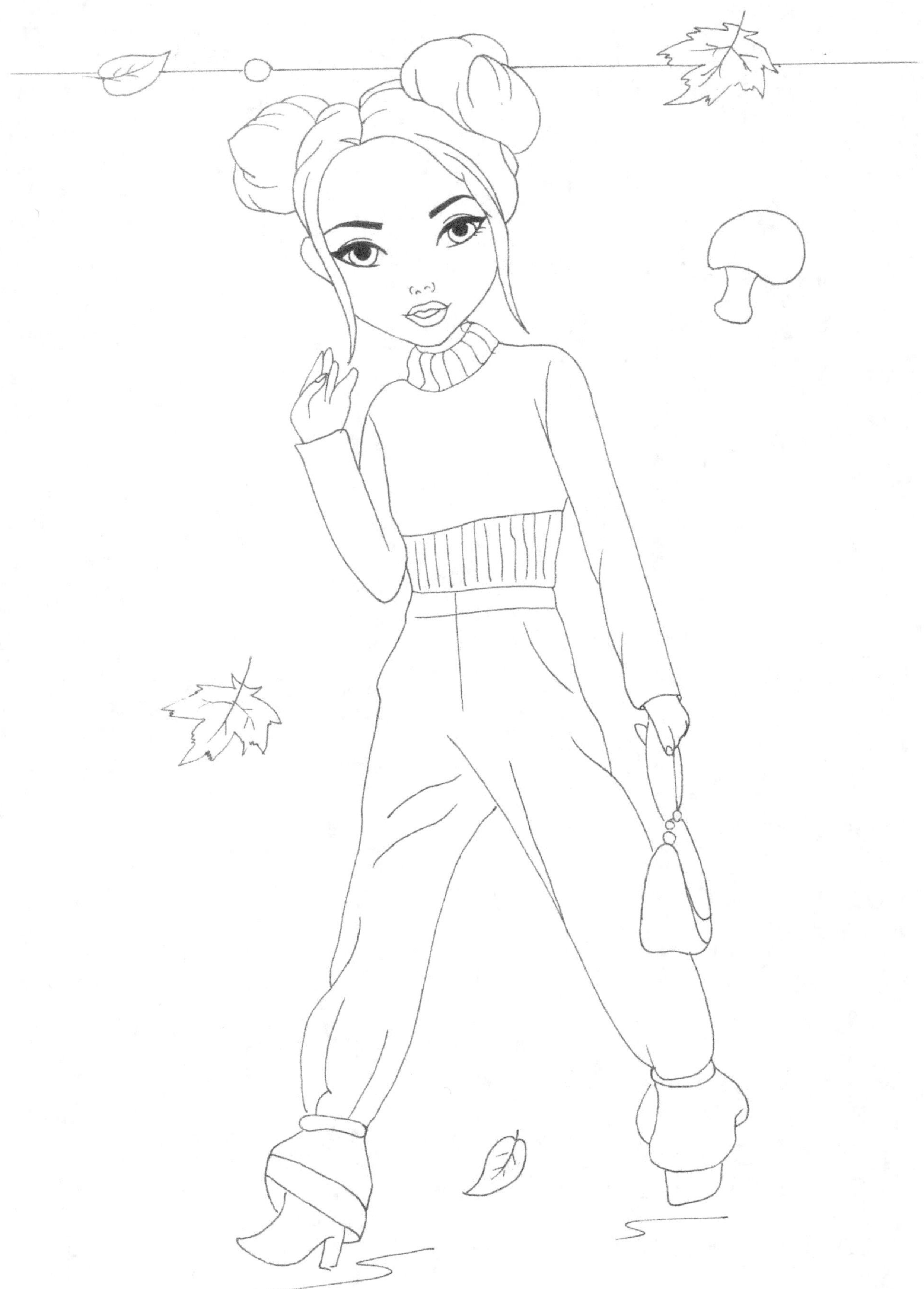

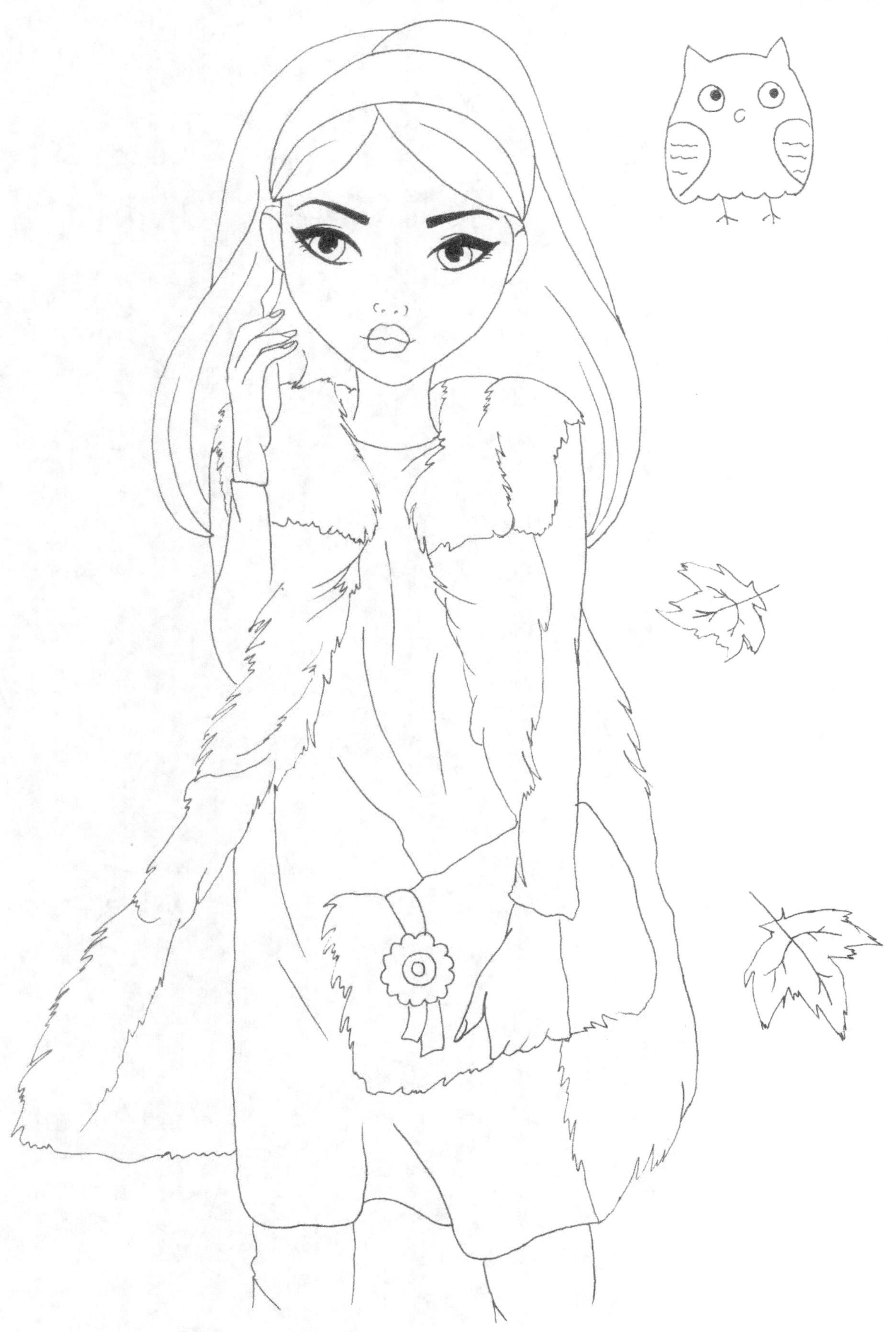

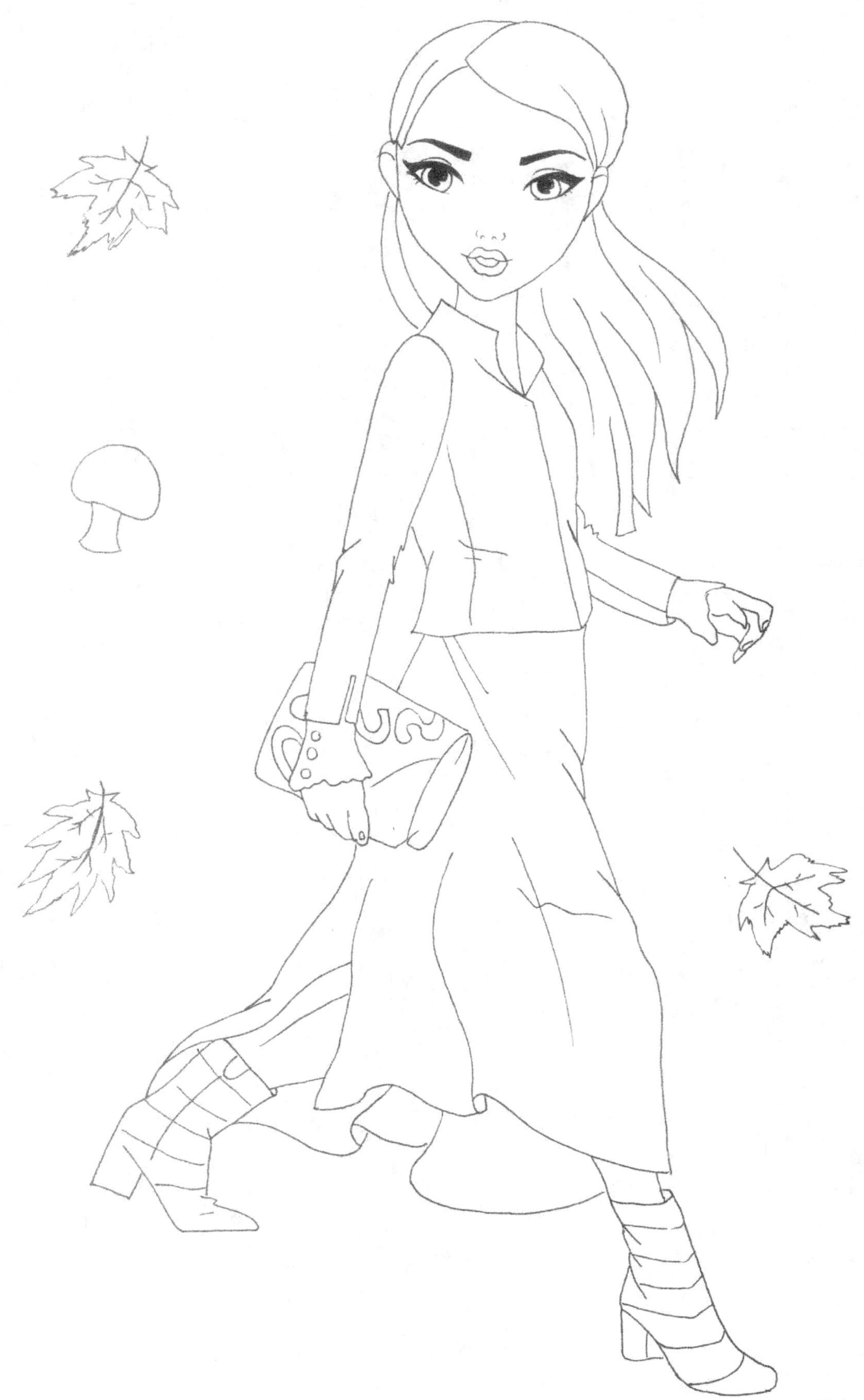

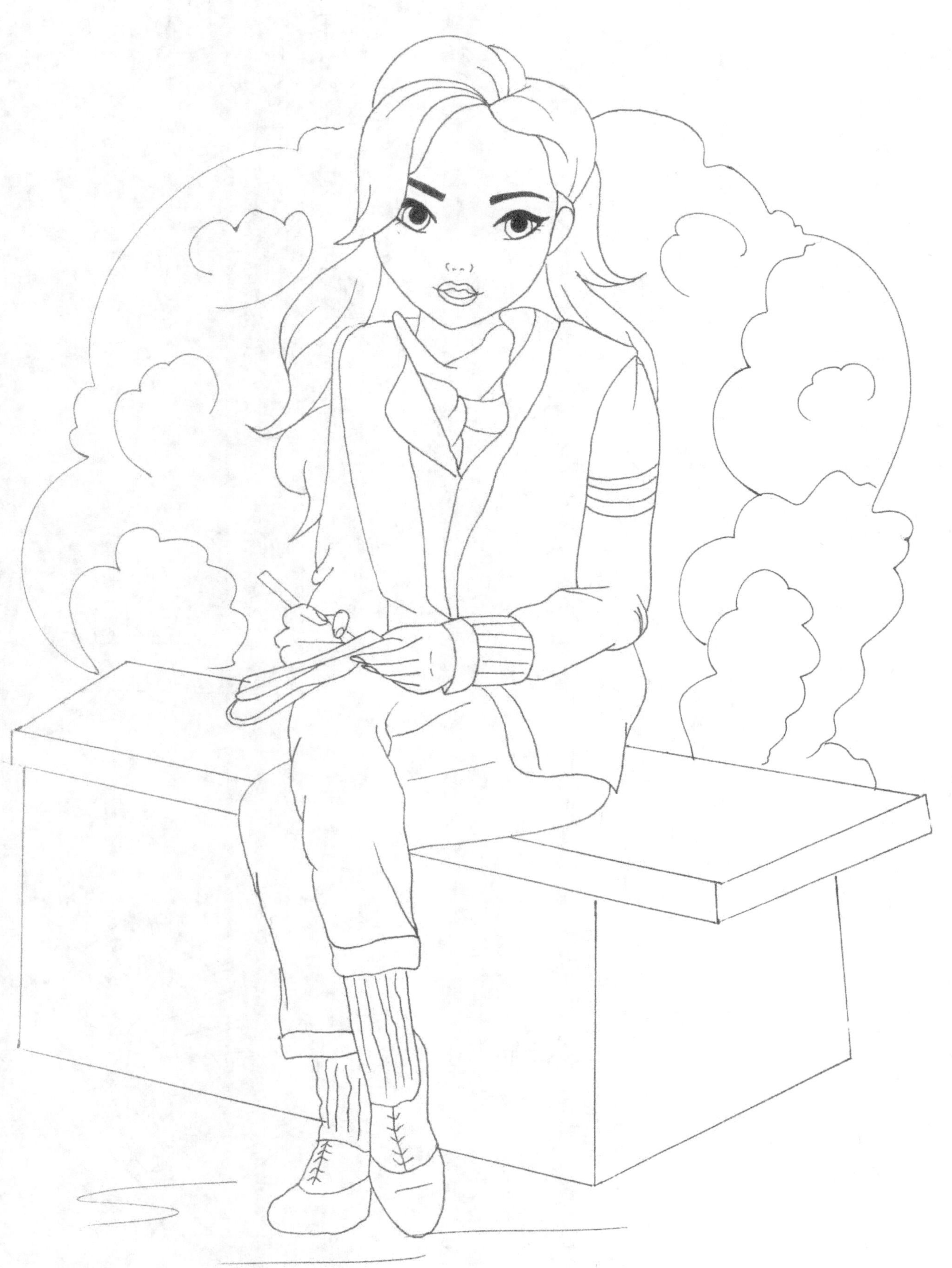

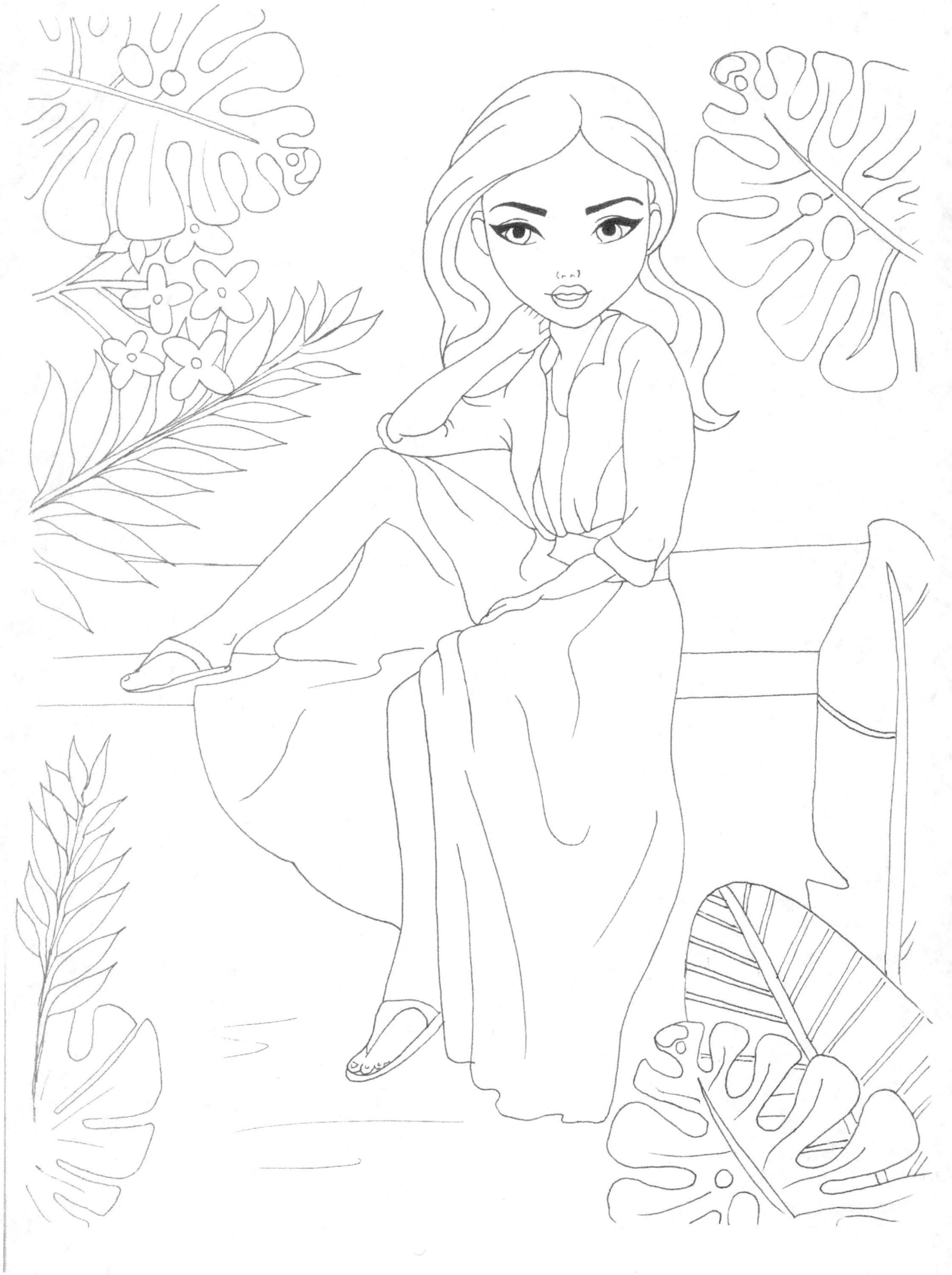

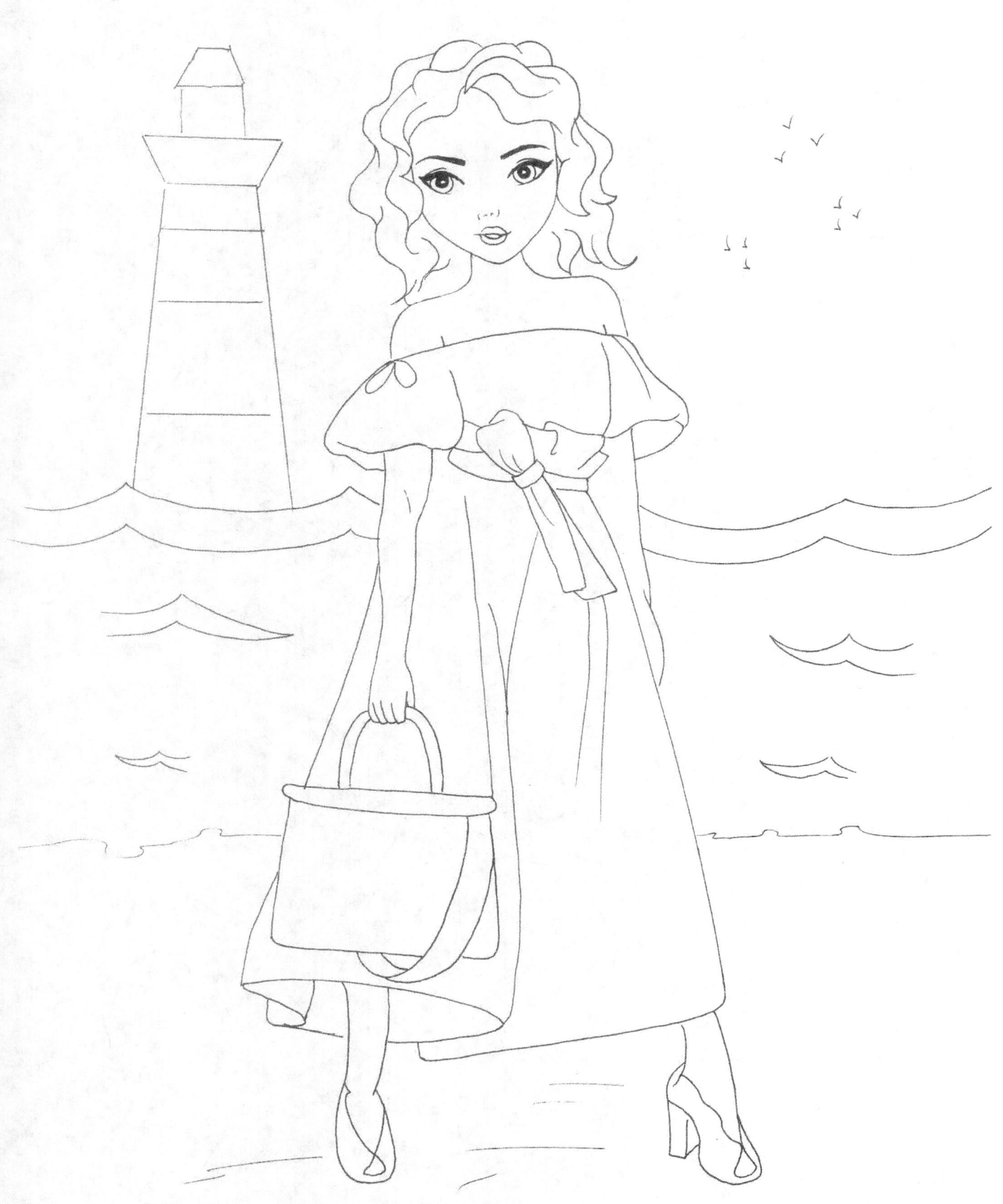

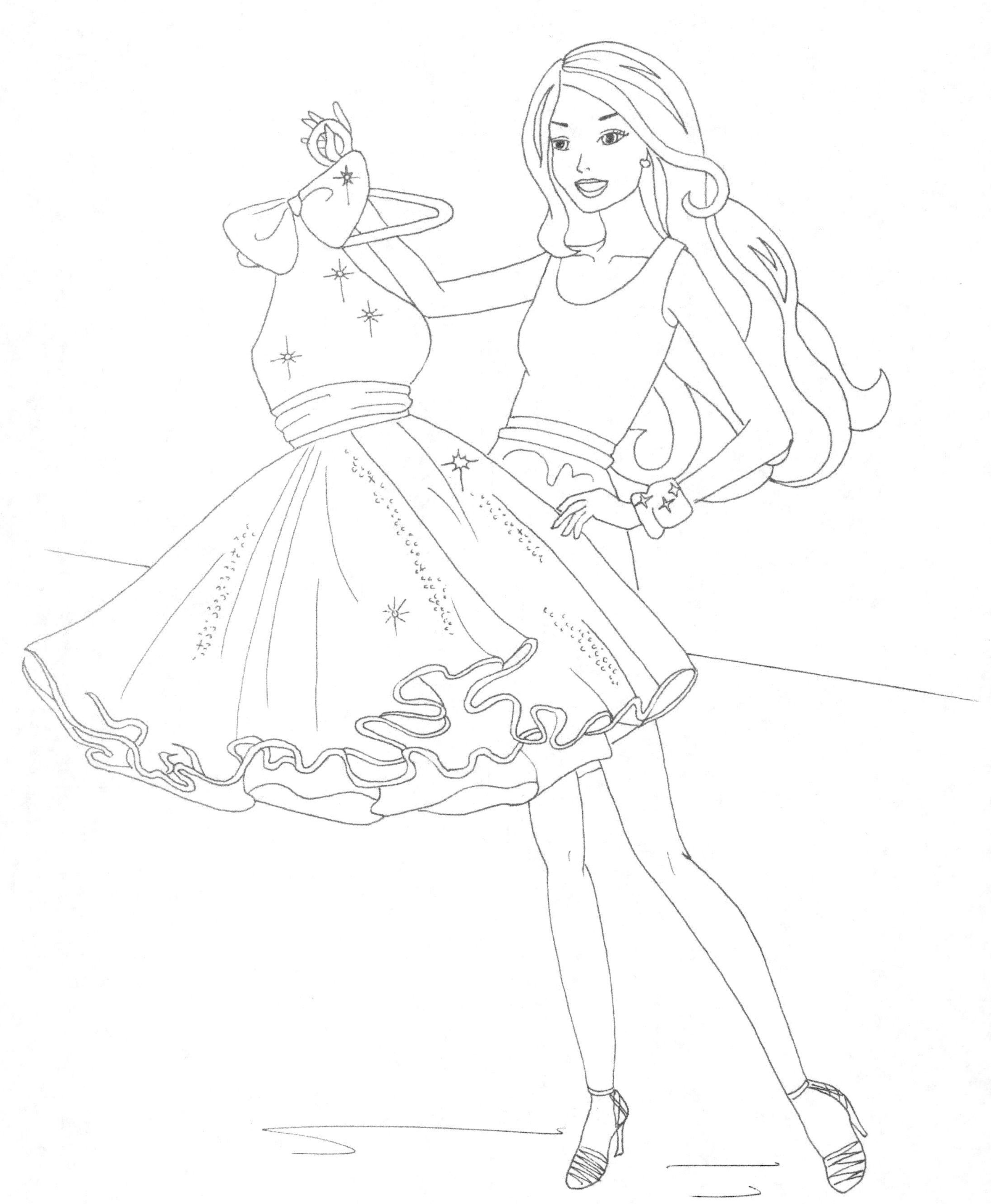

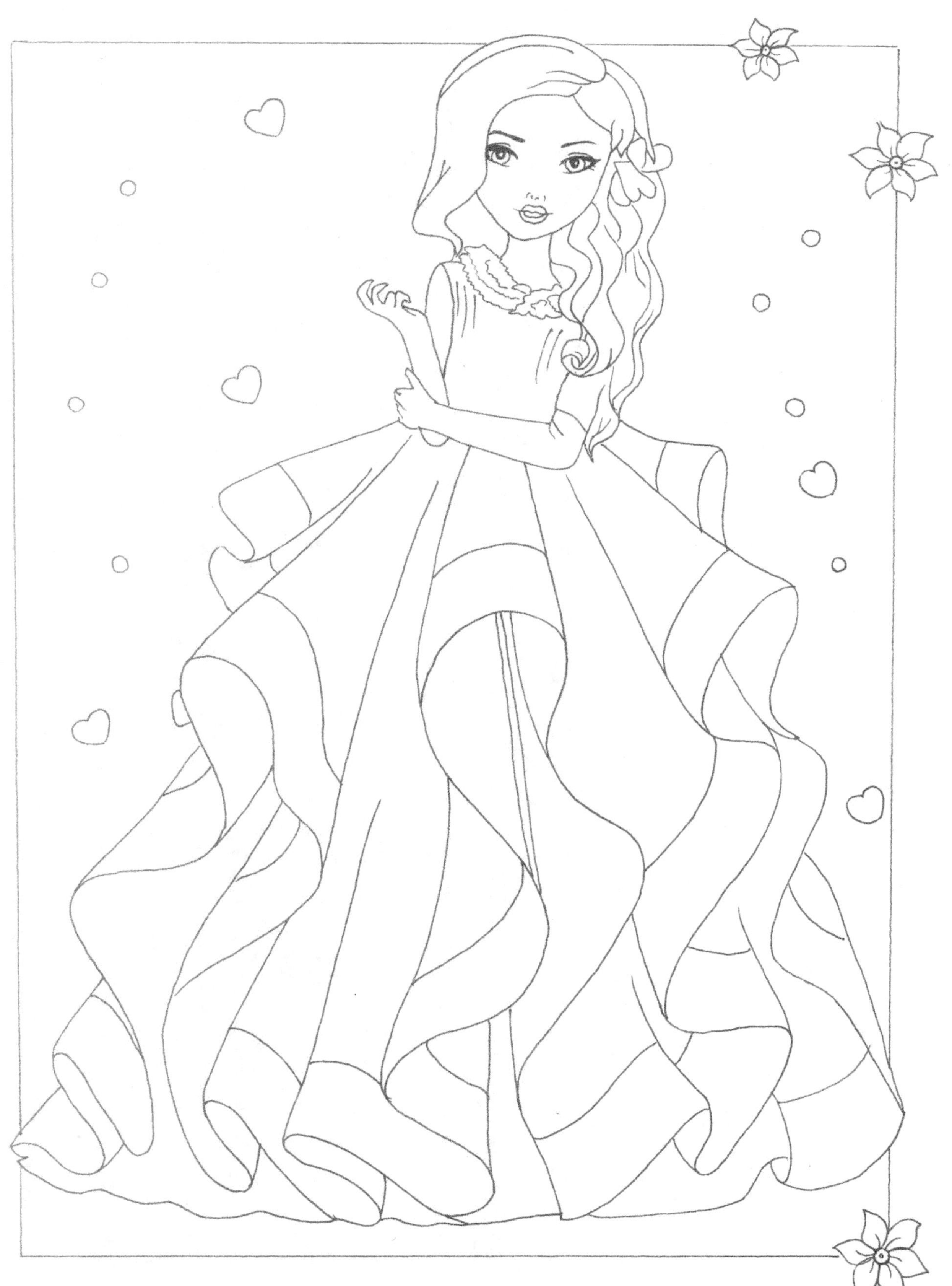

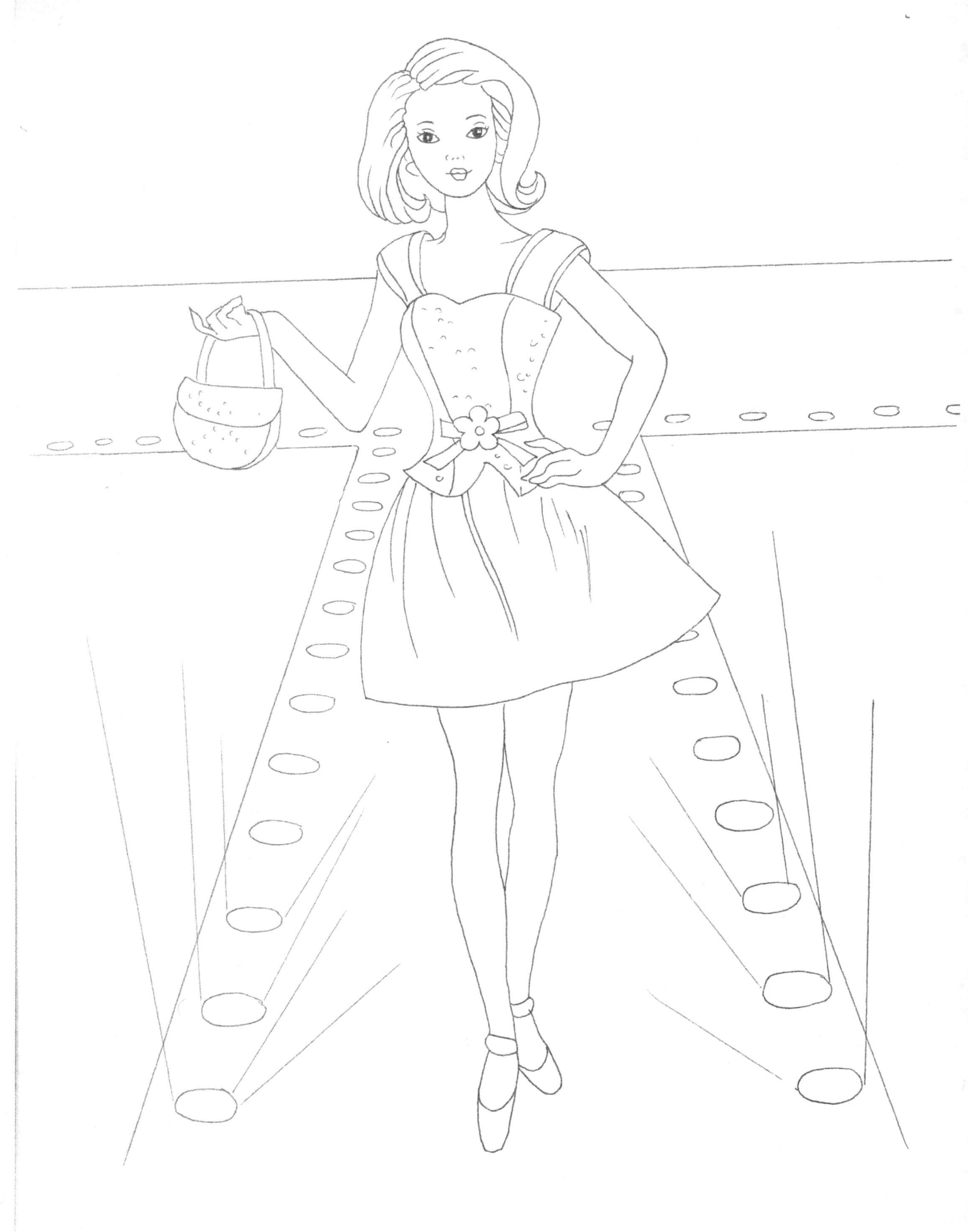

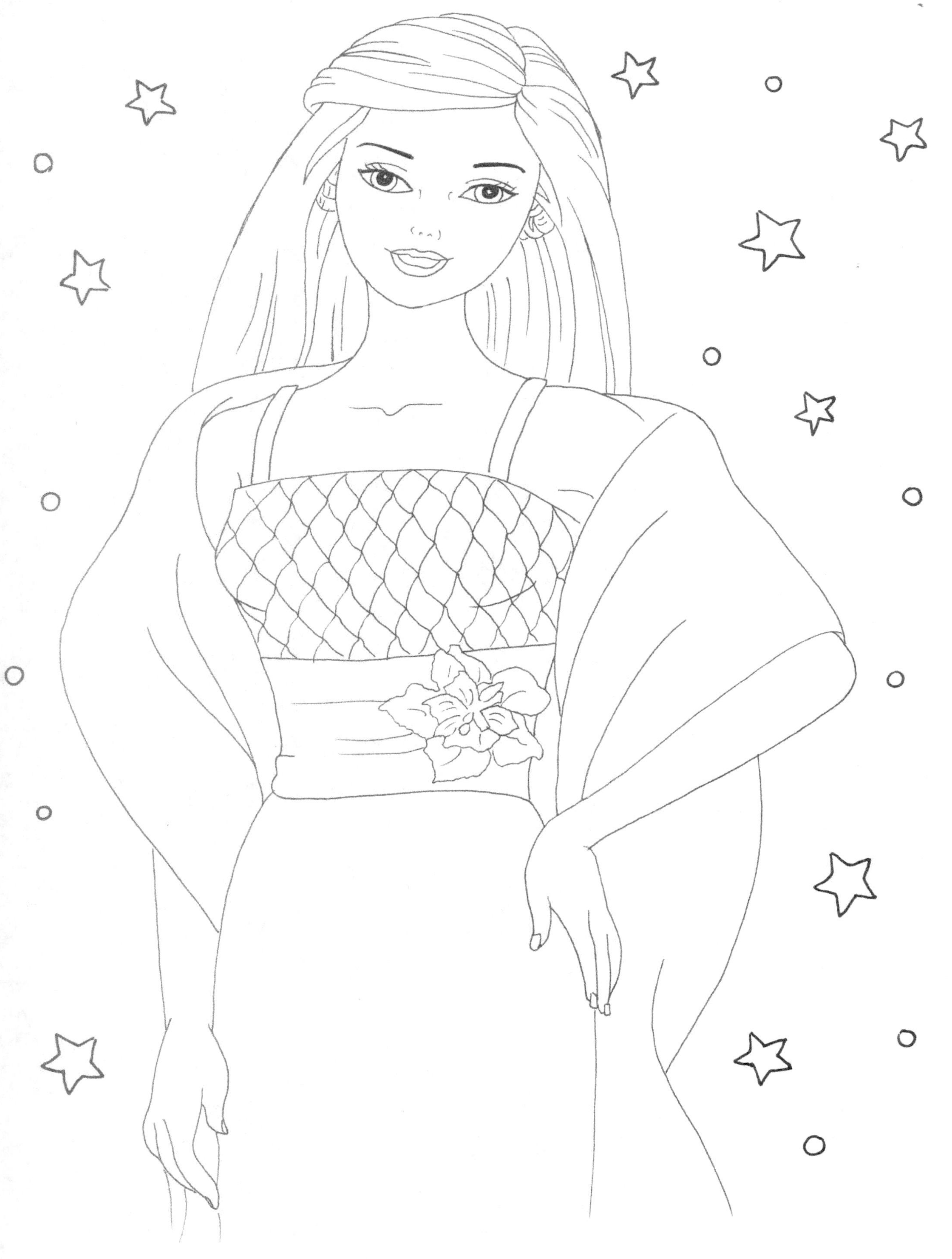

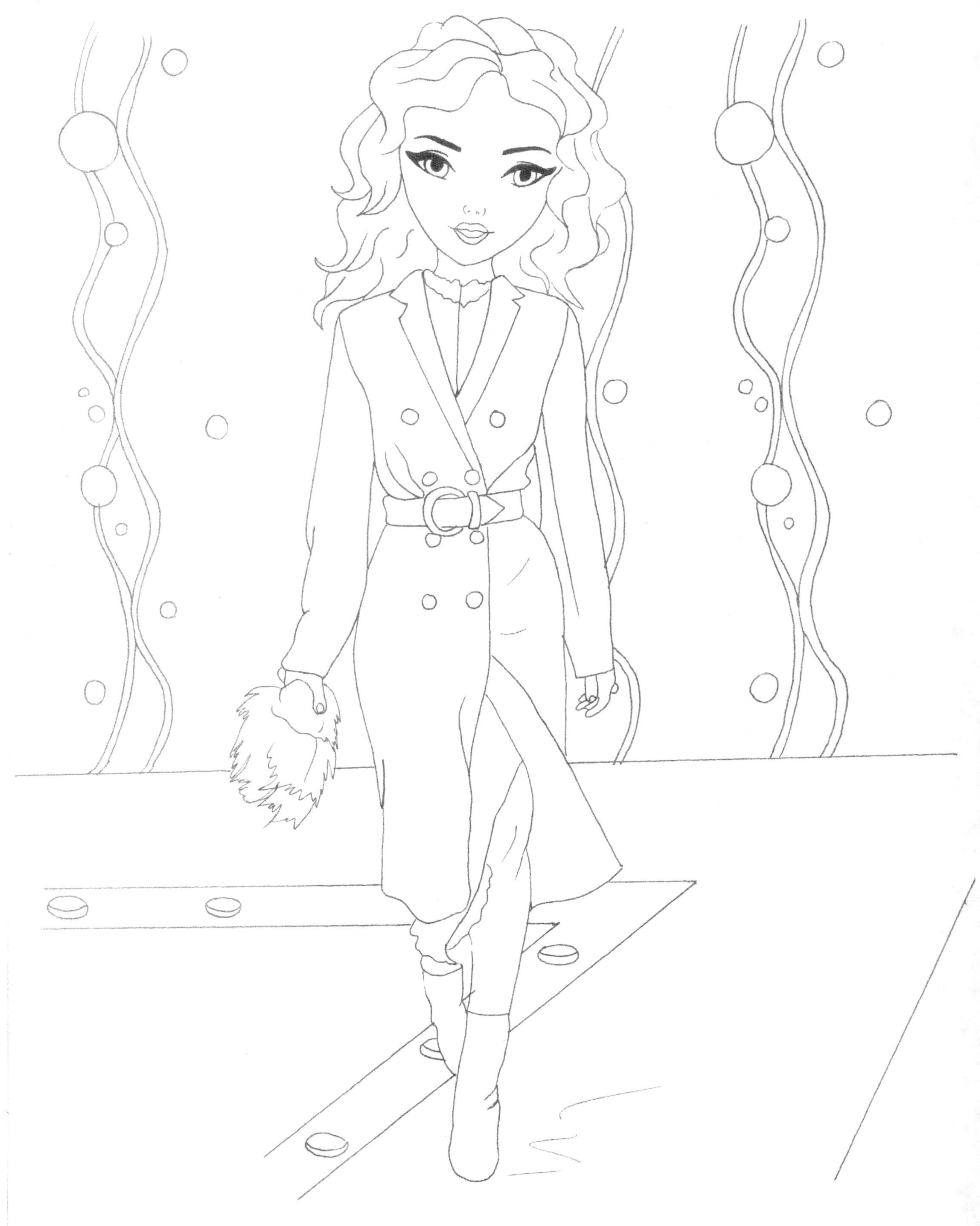

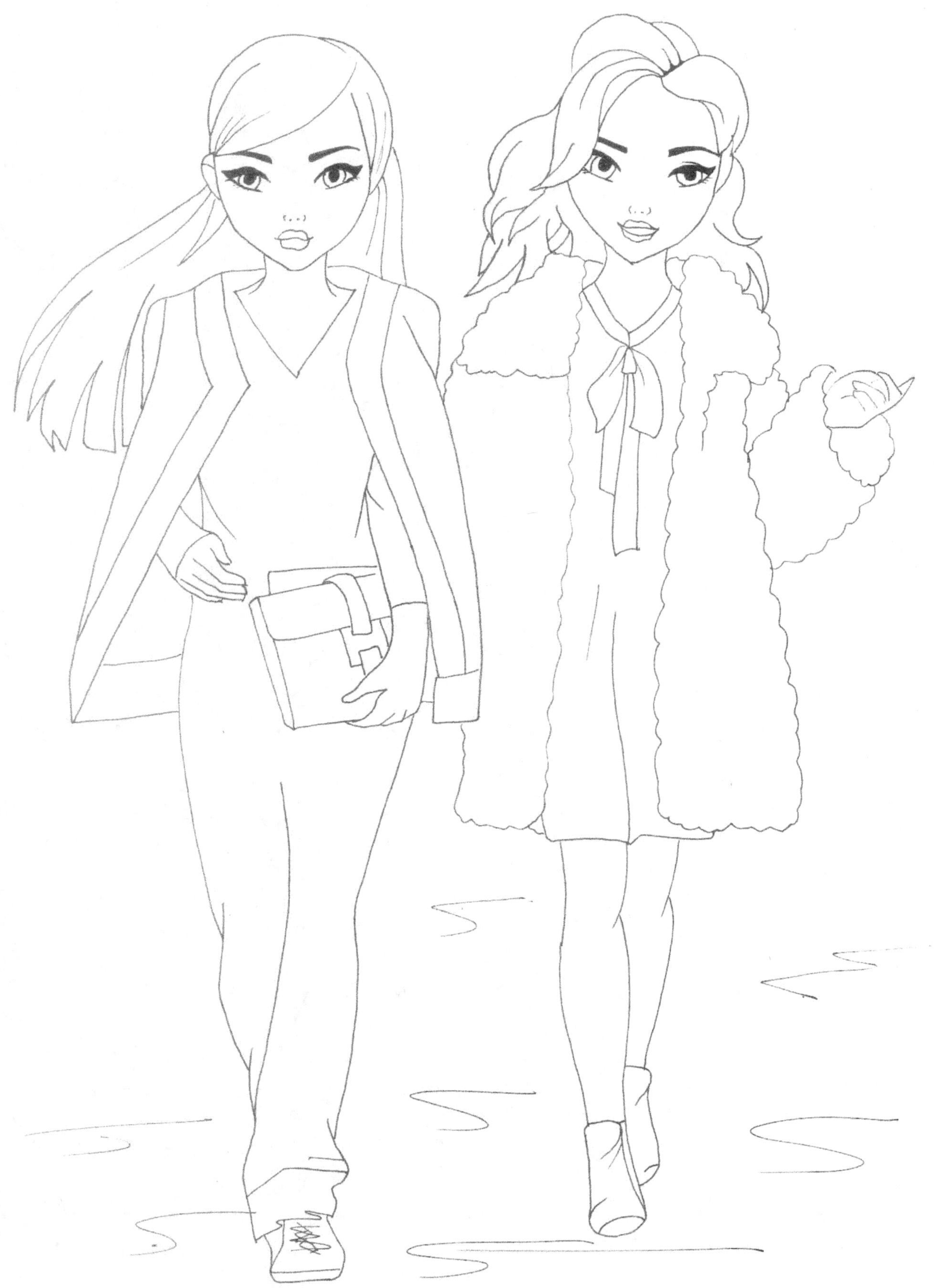

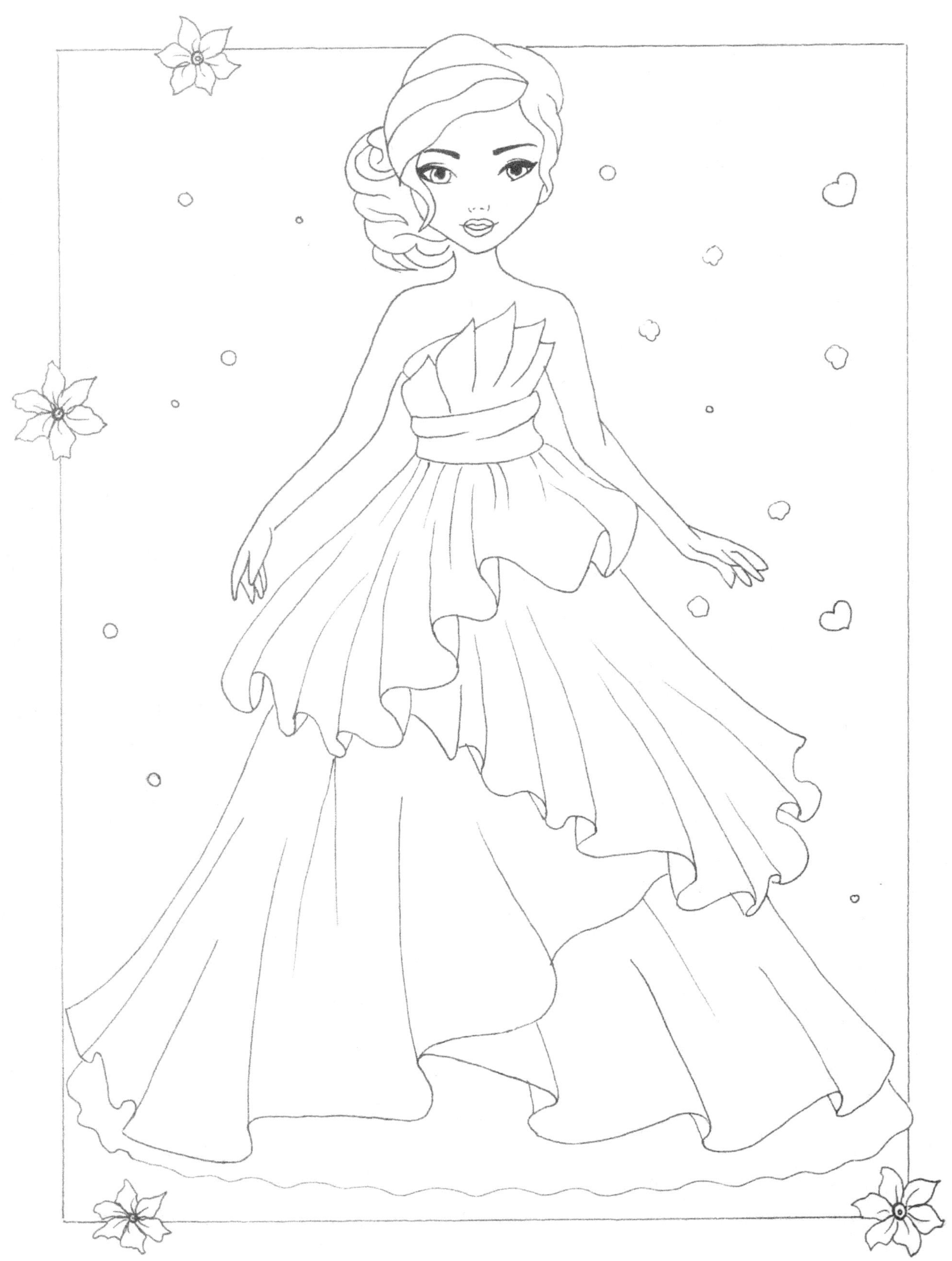

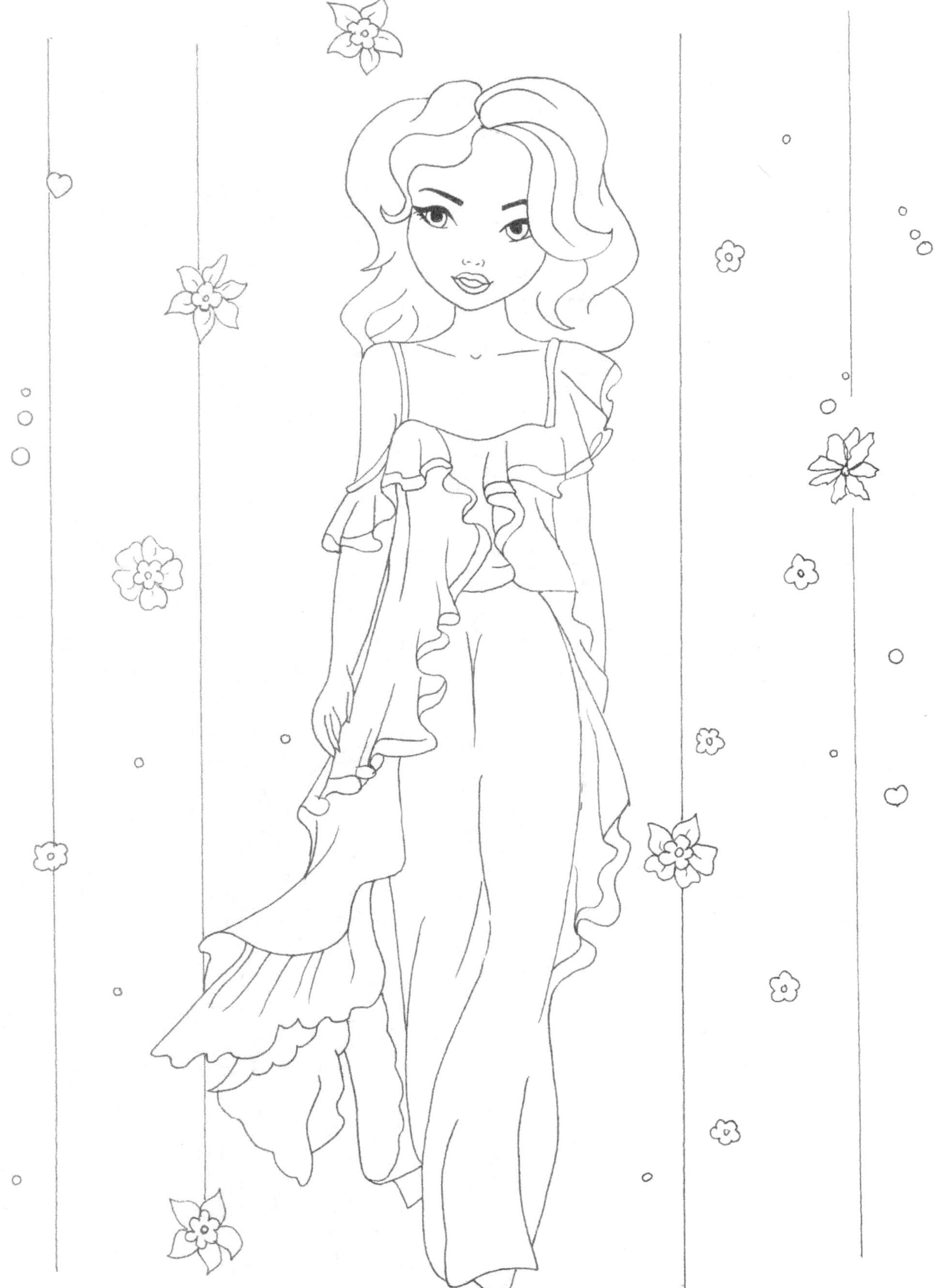

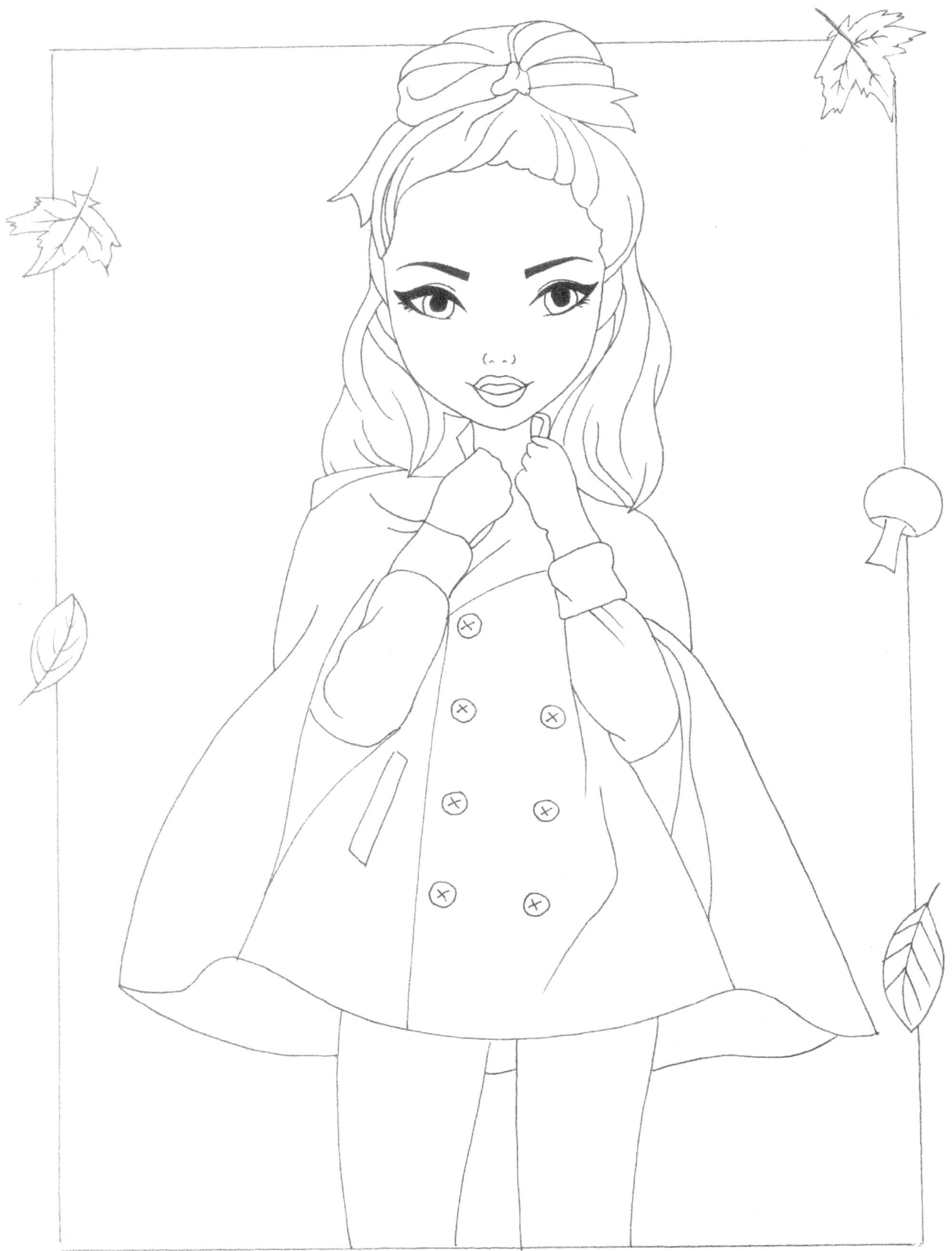

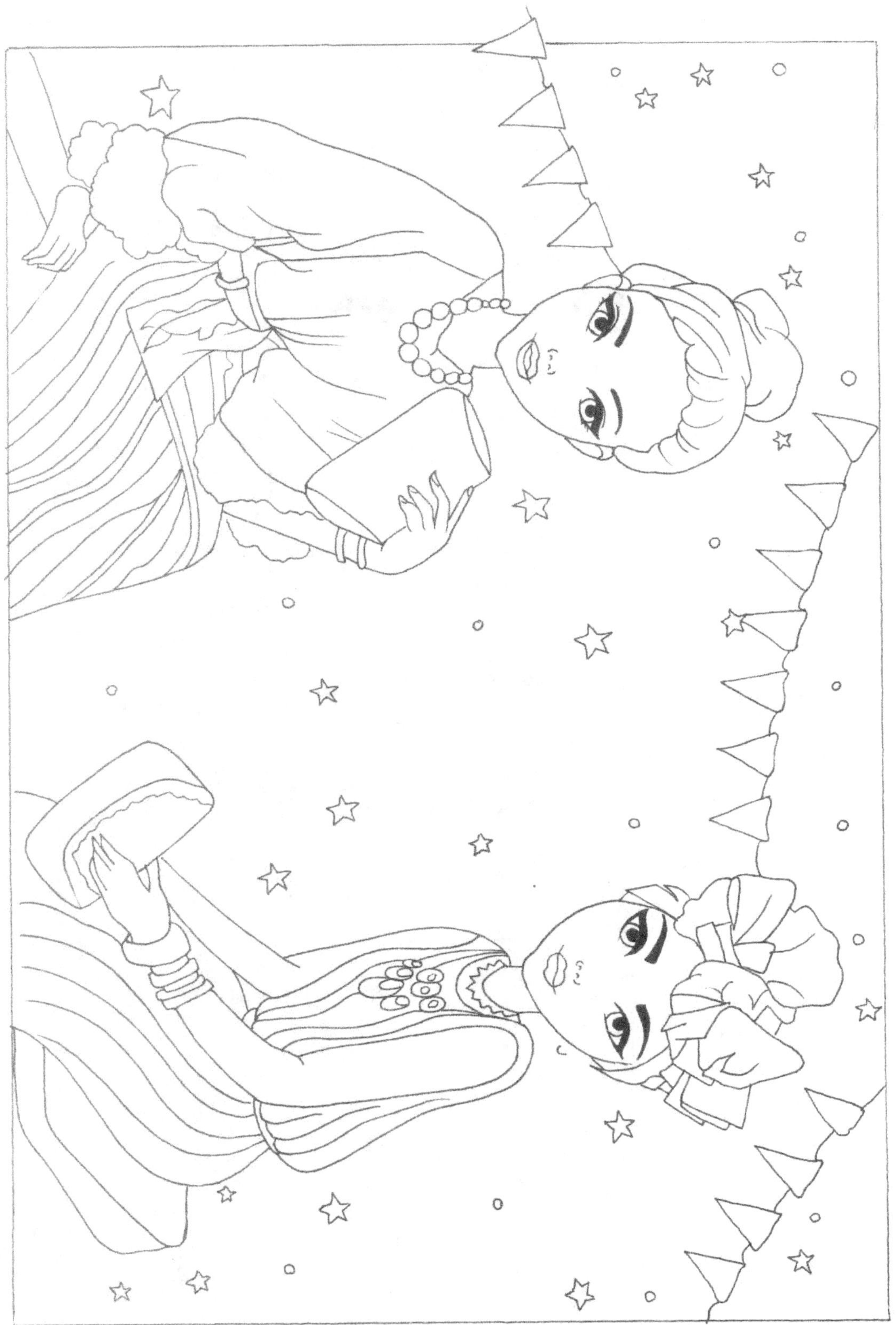

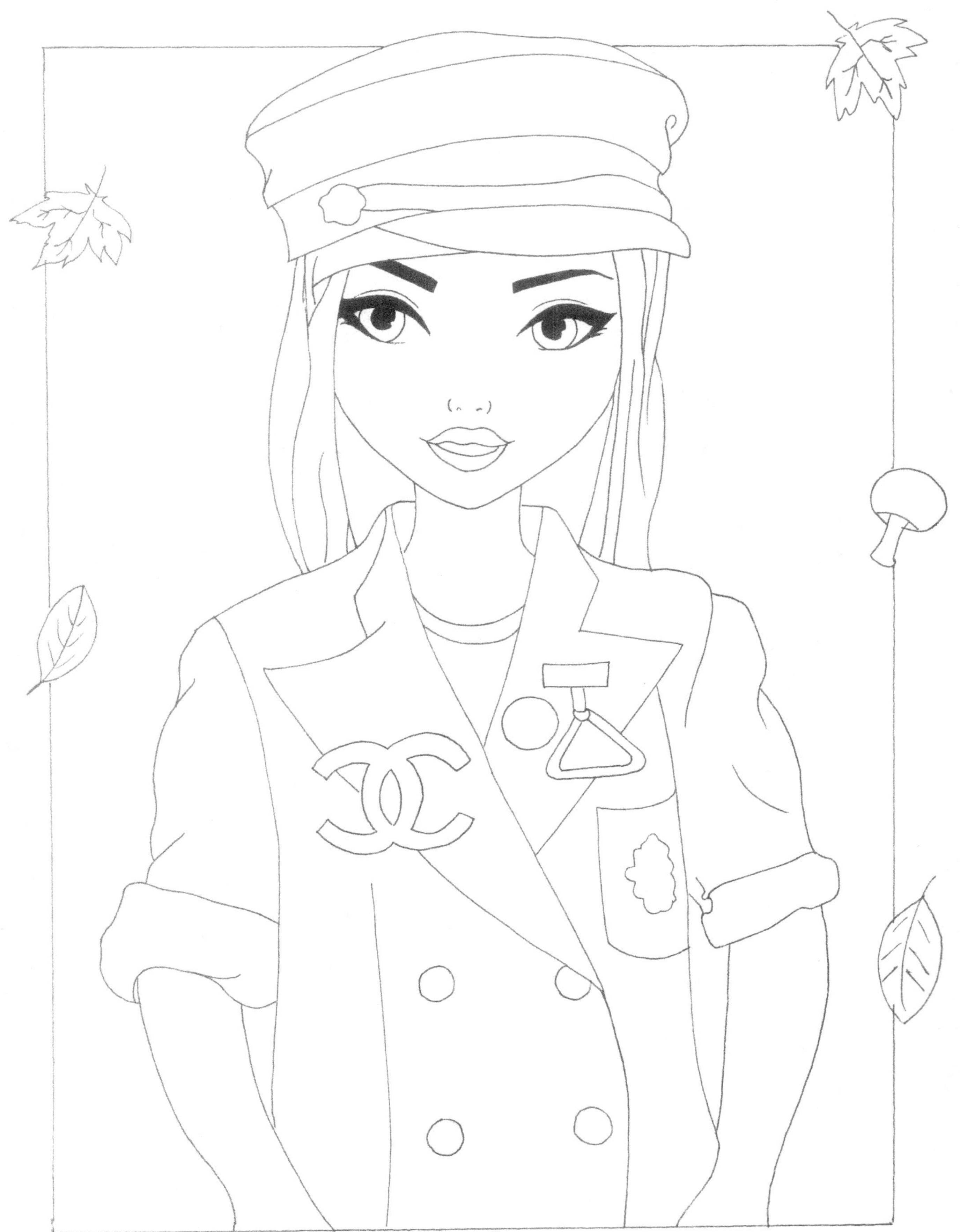

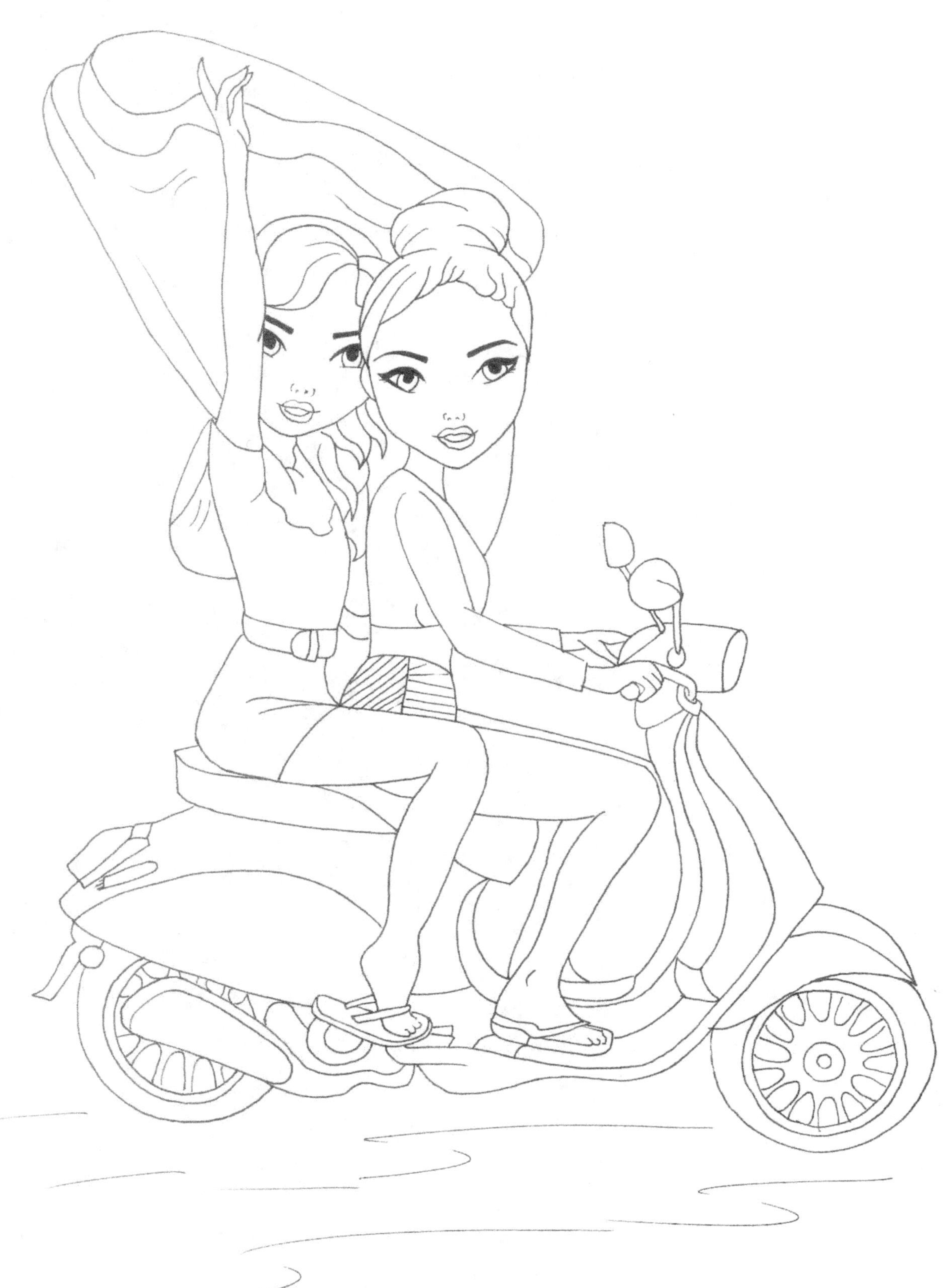

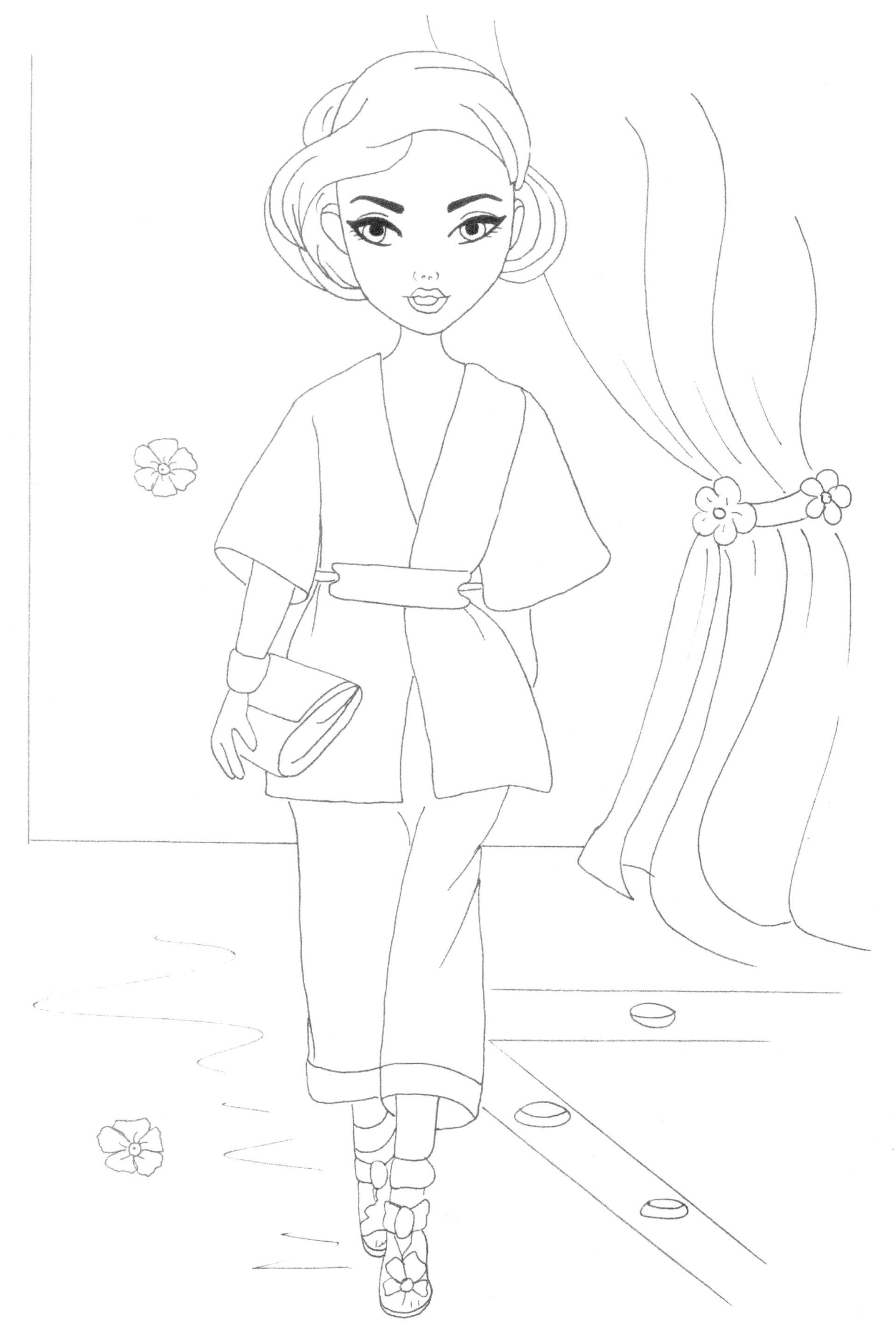

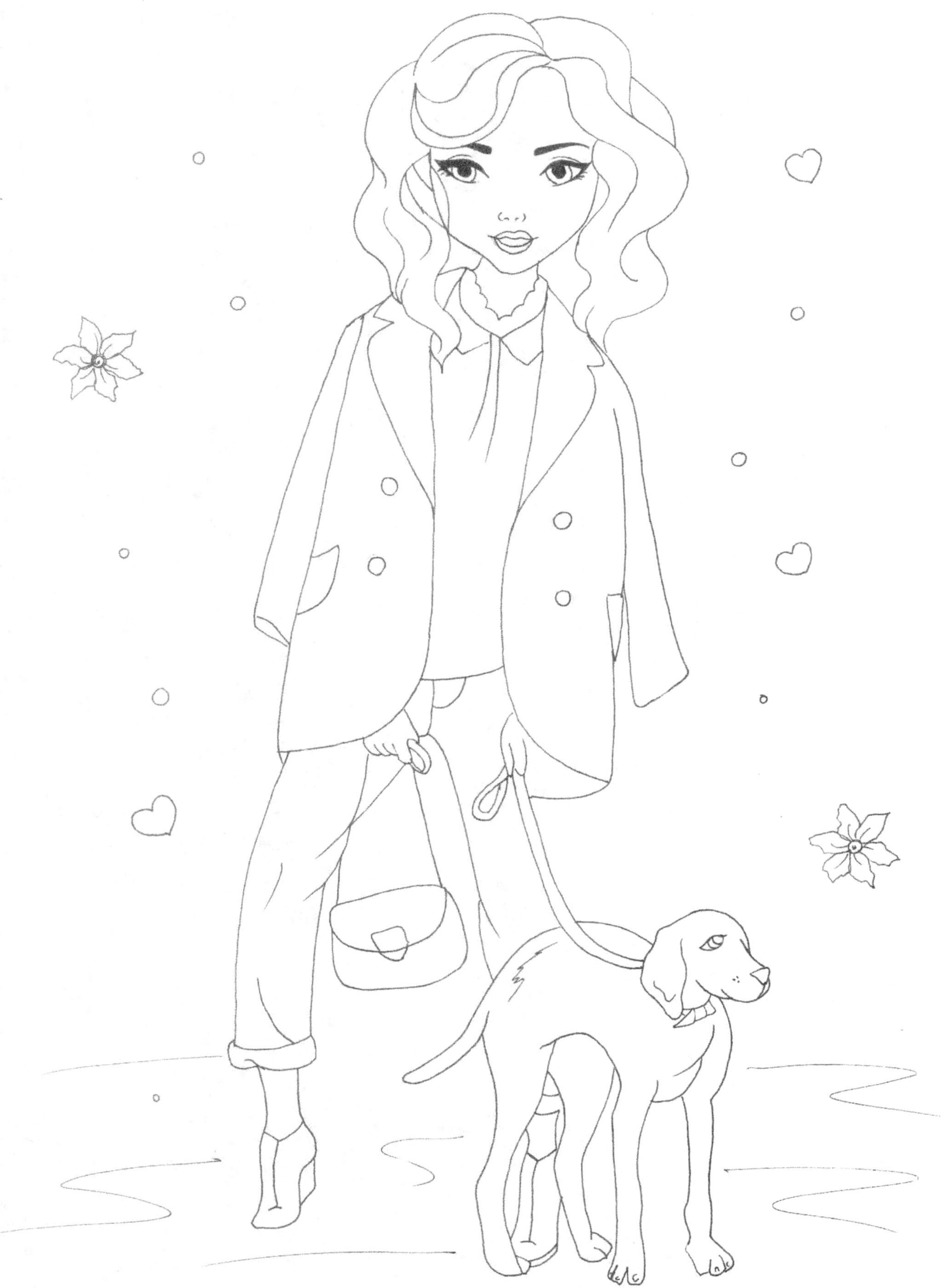

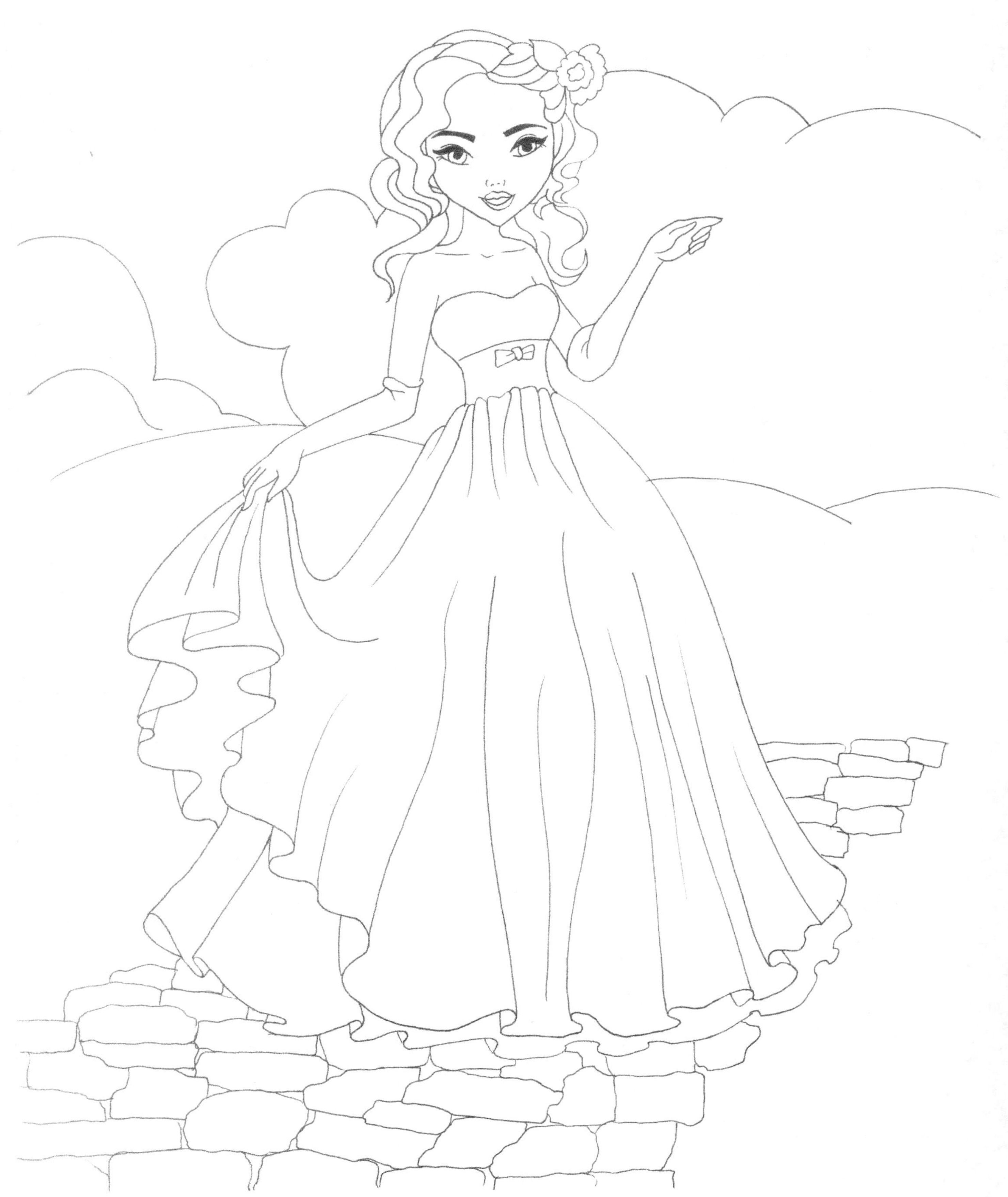

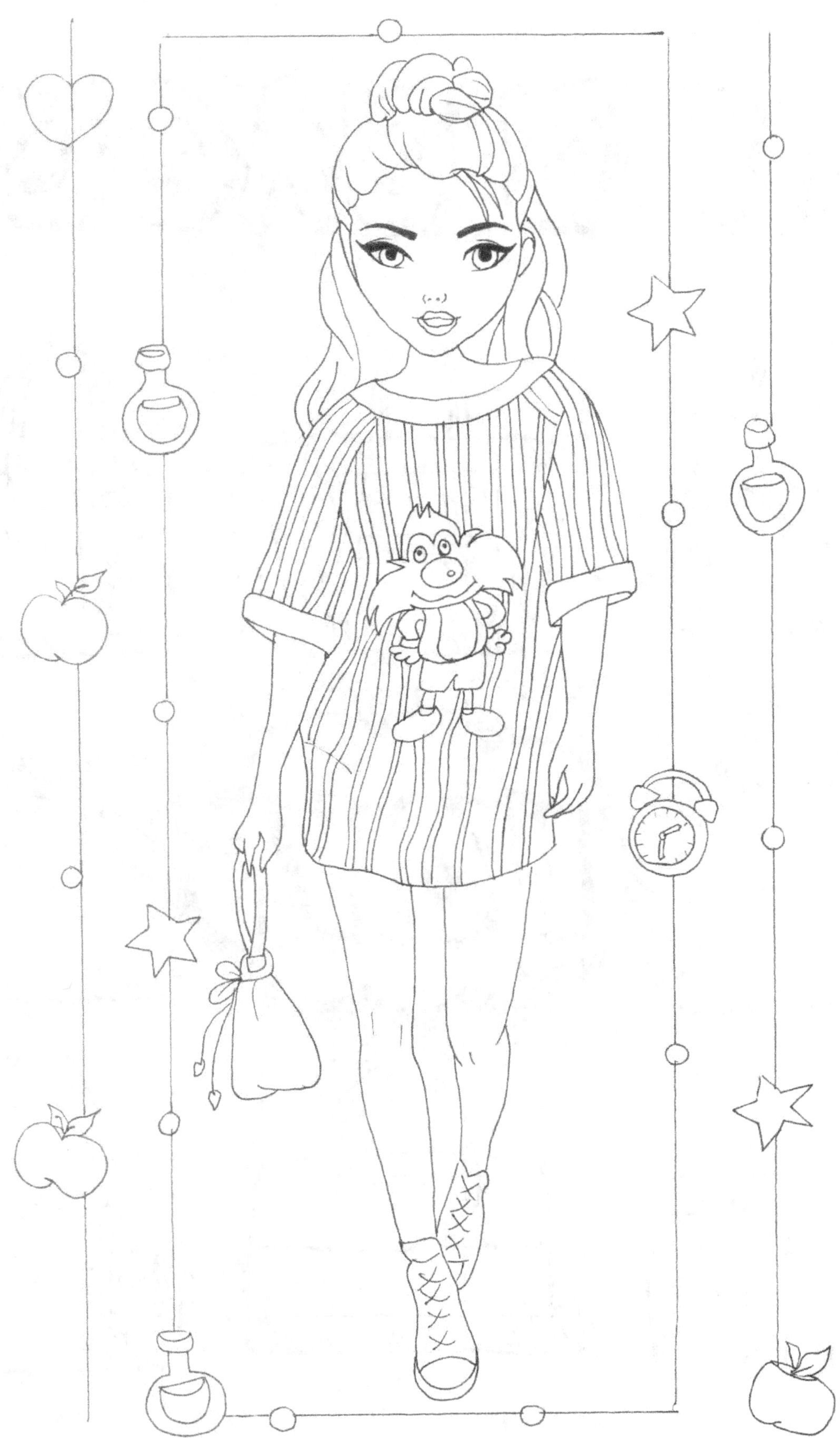

MES SACS

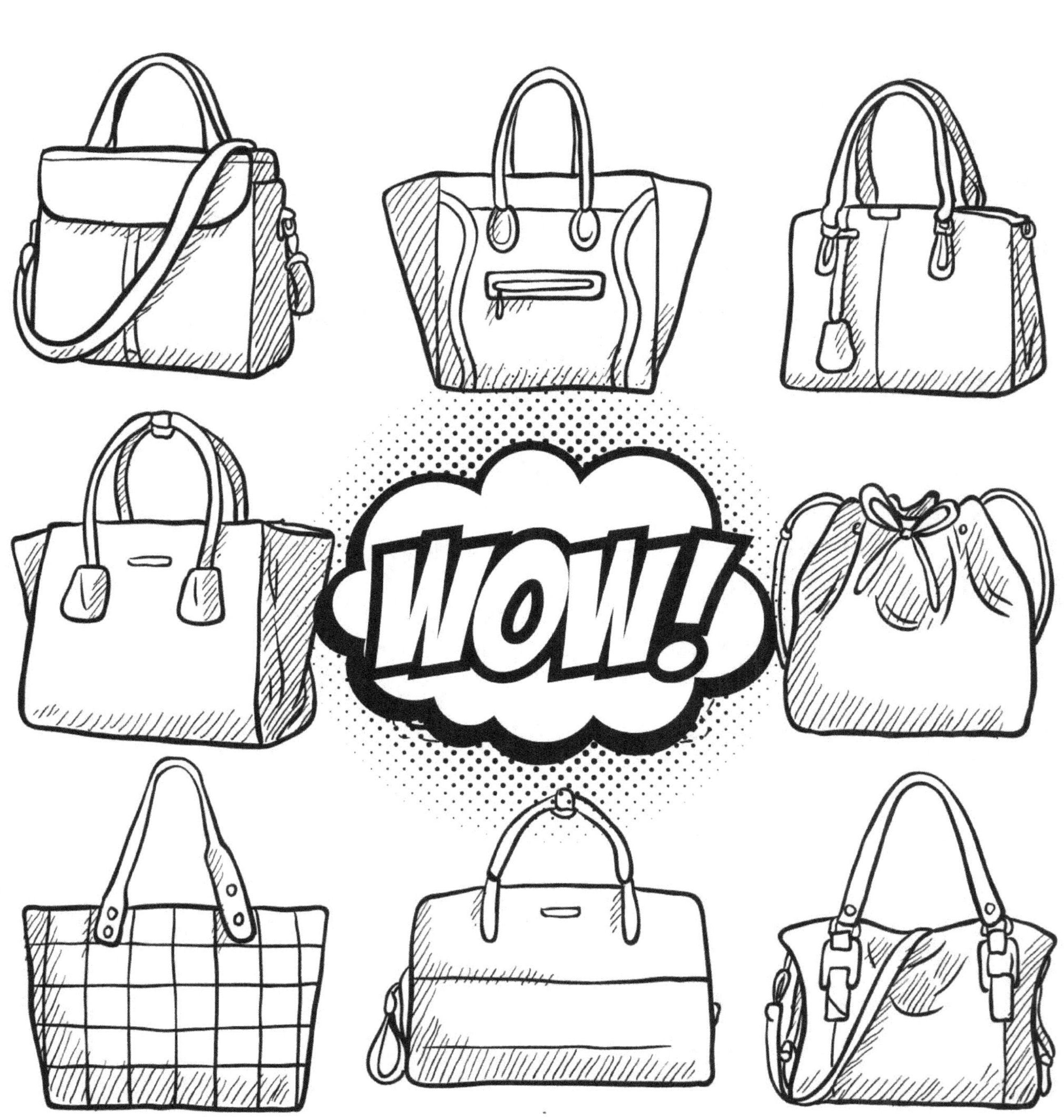

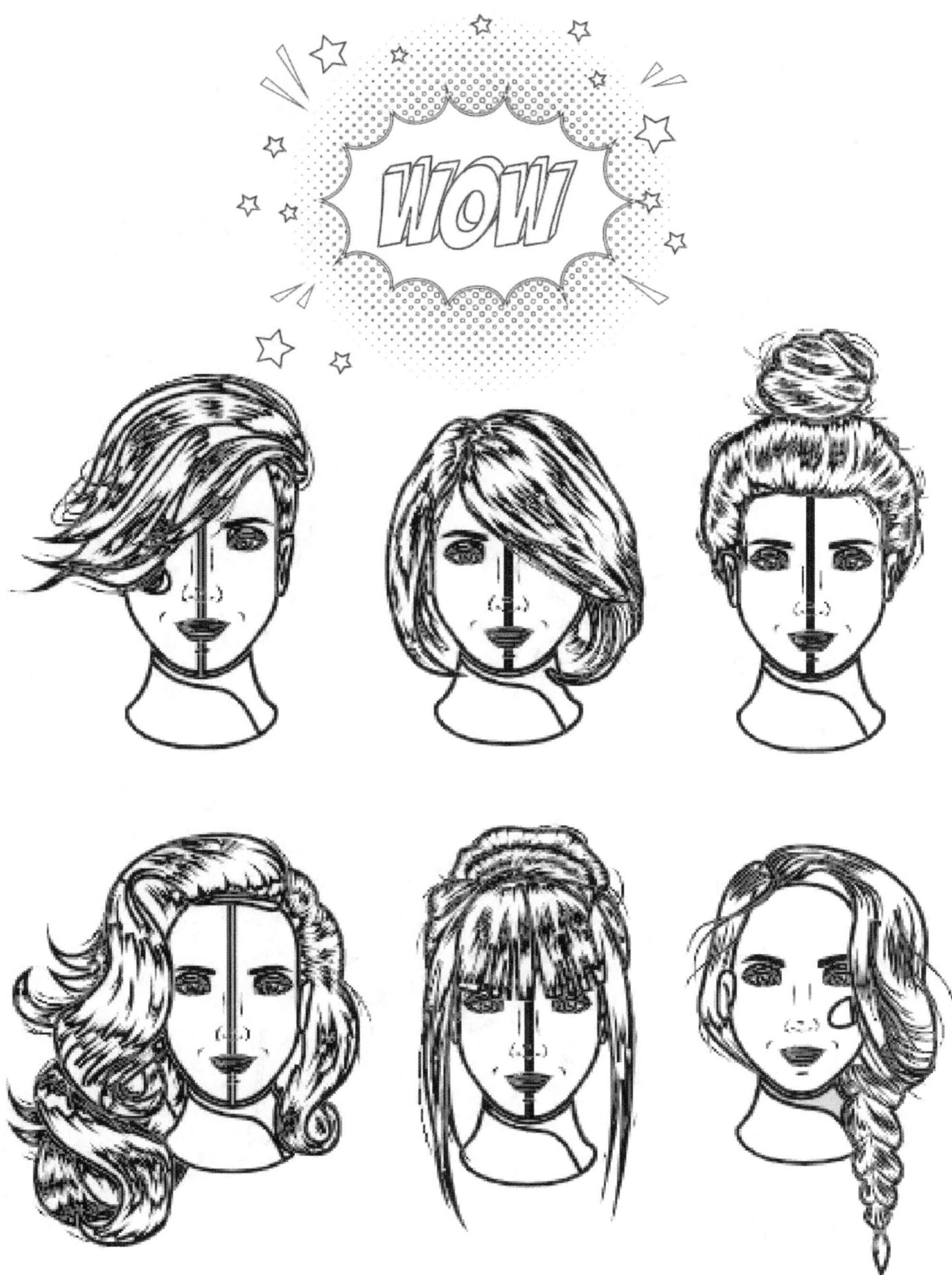
WOW

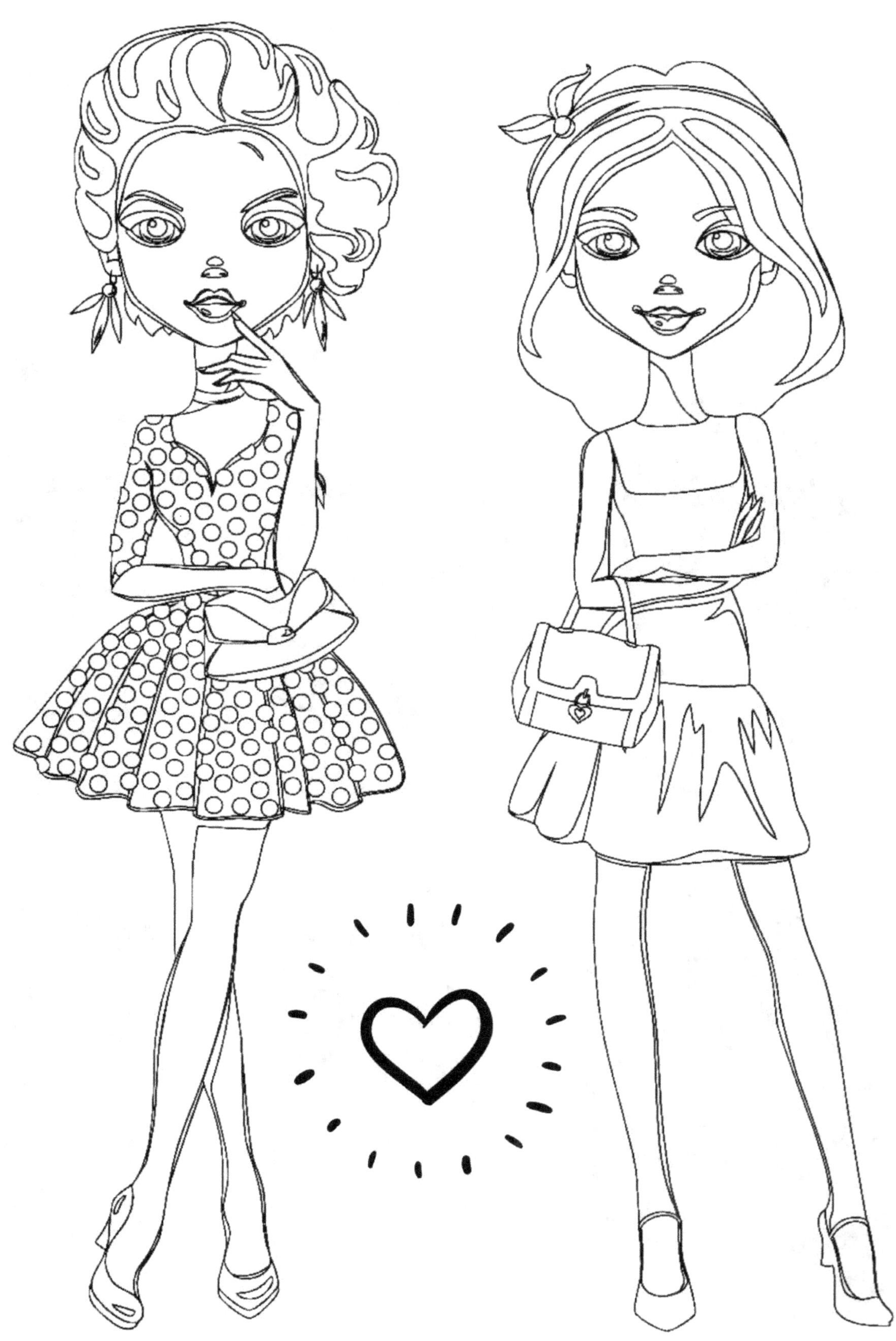

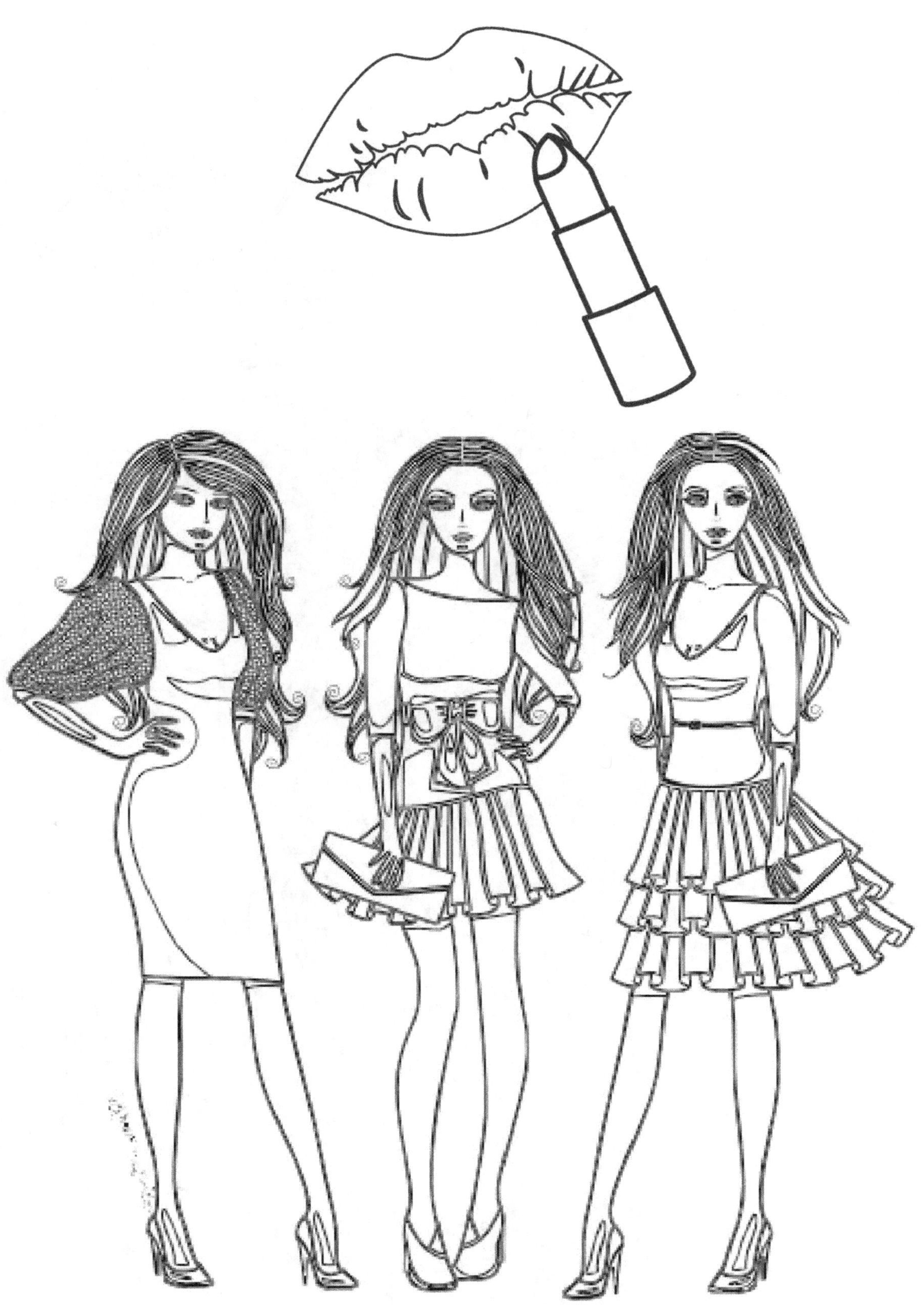

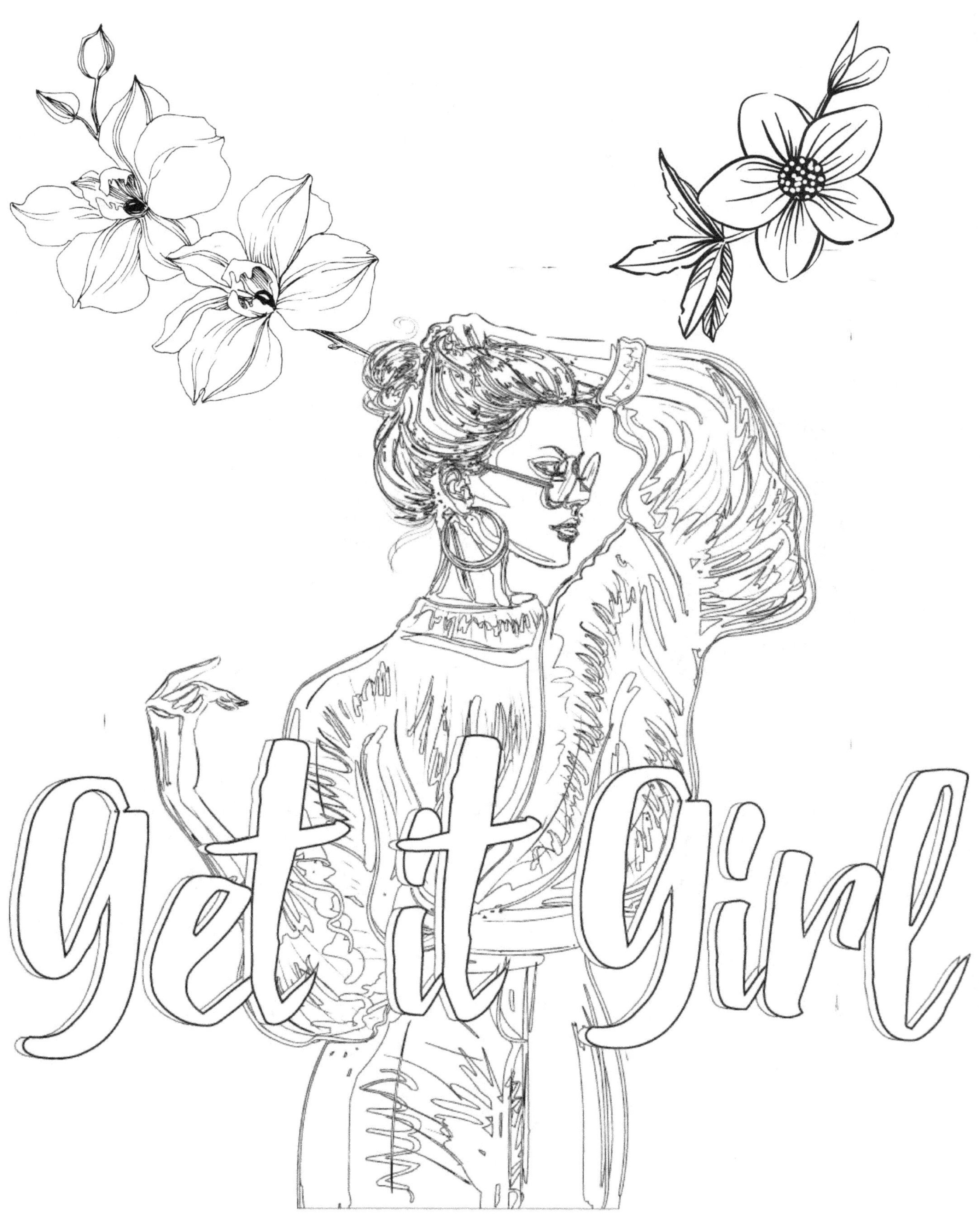
Get it Girl

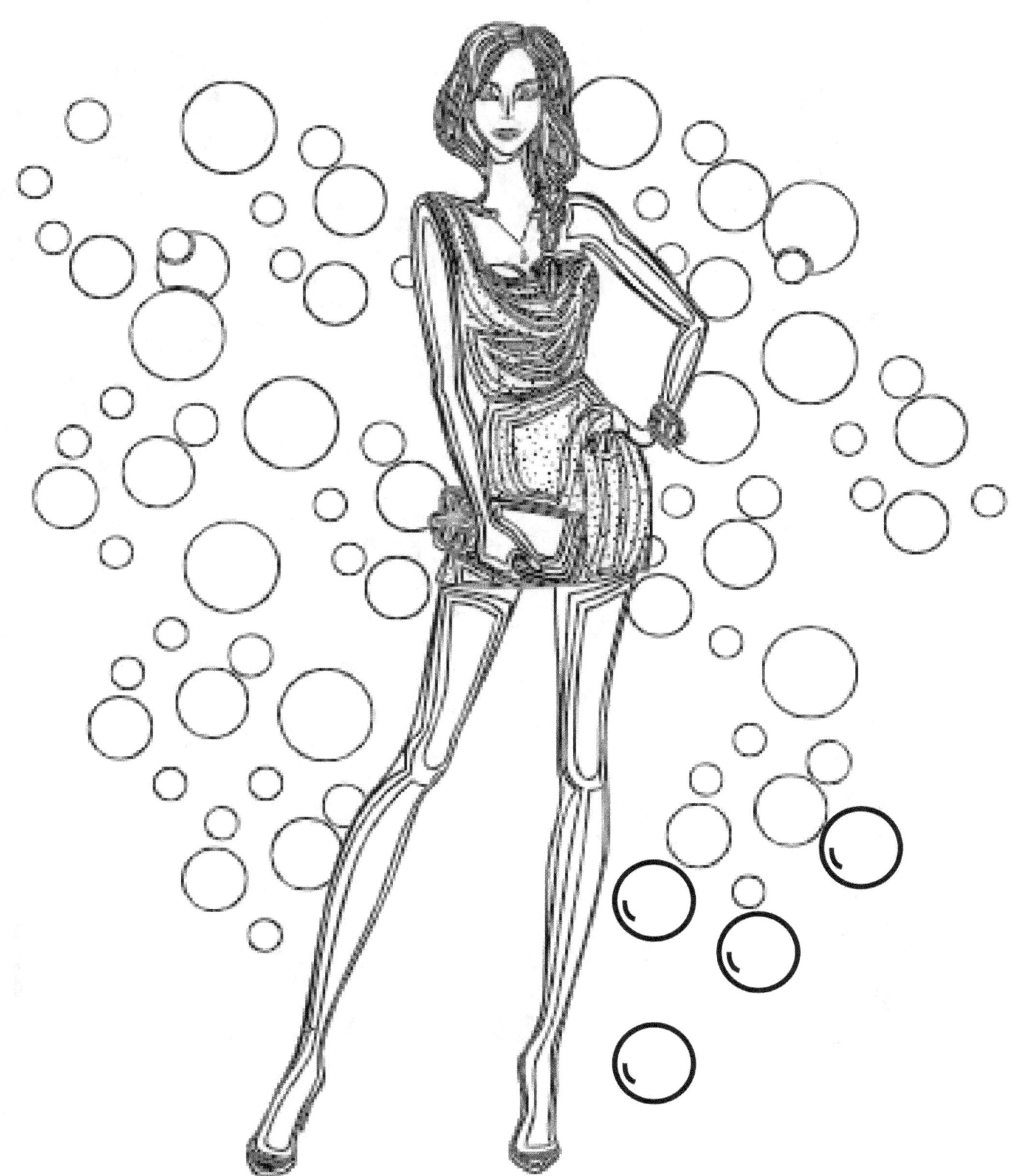

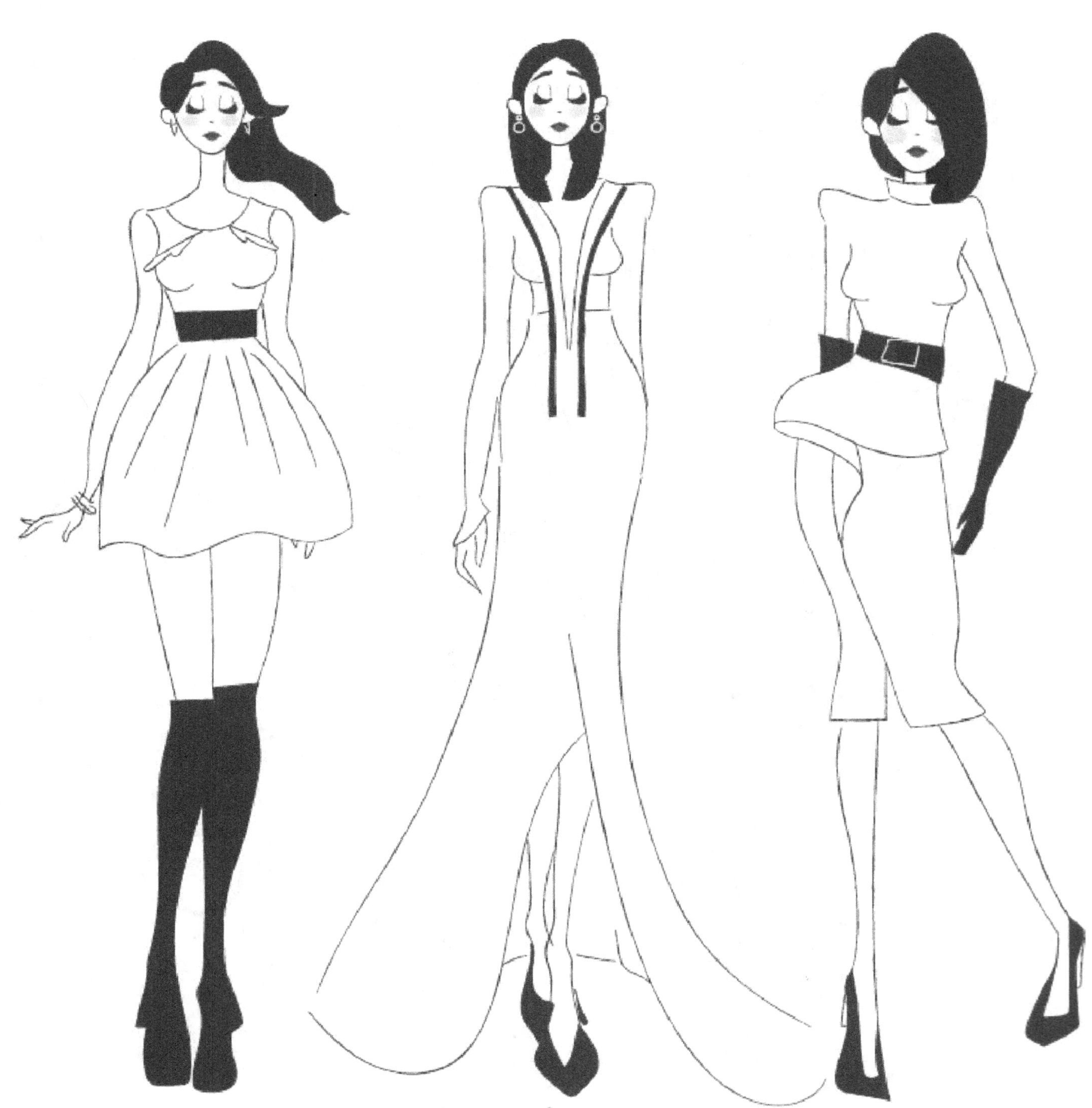

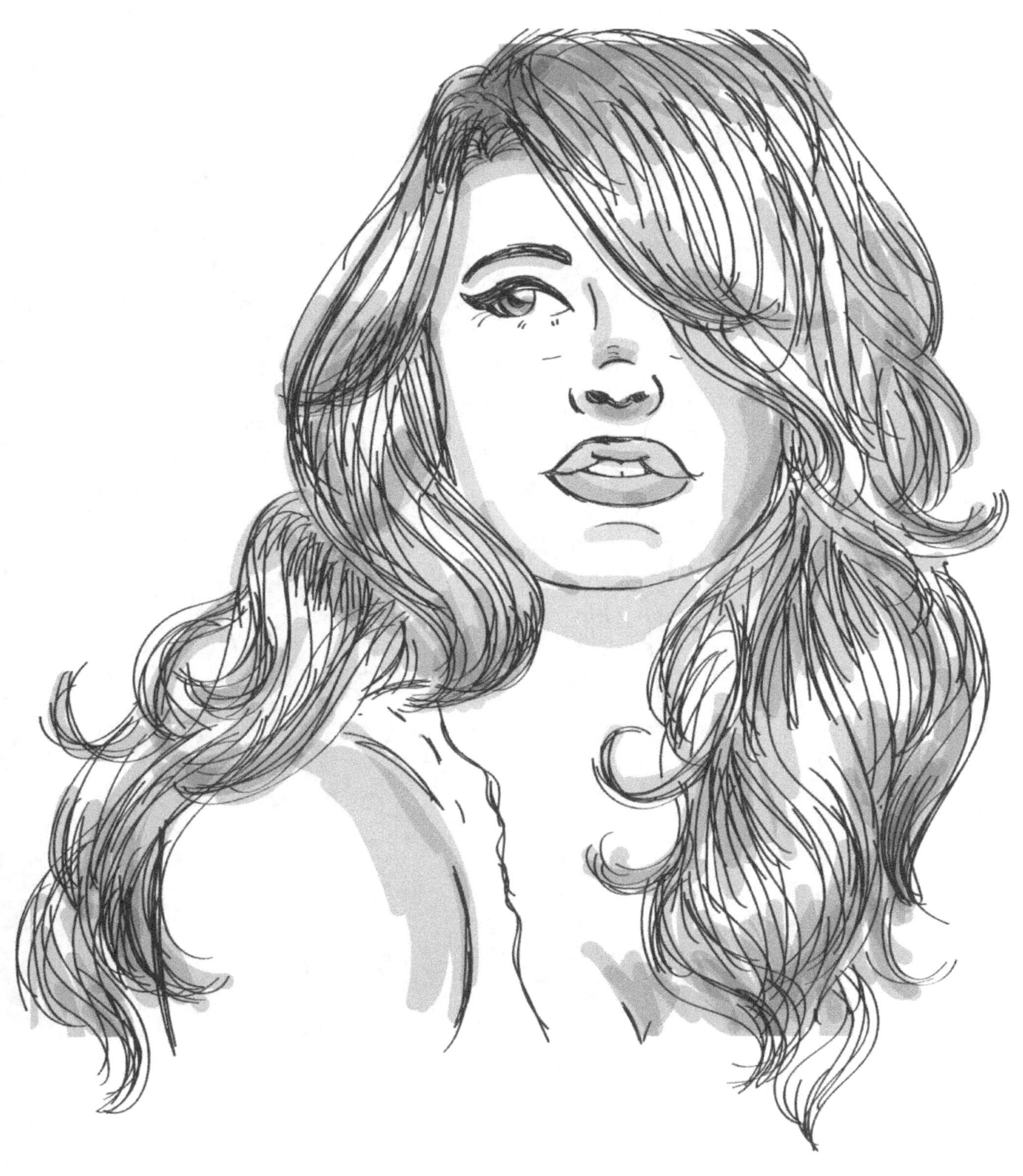

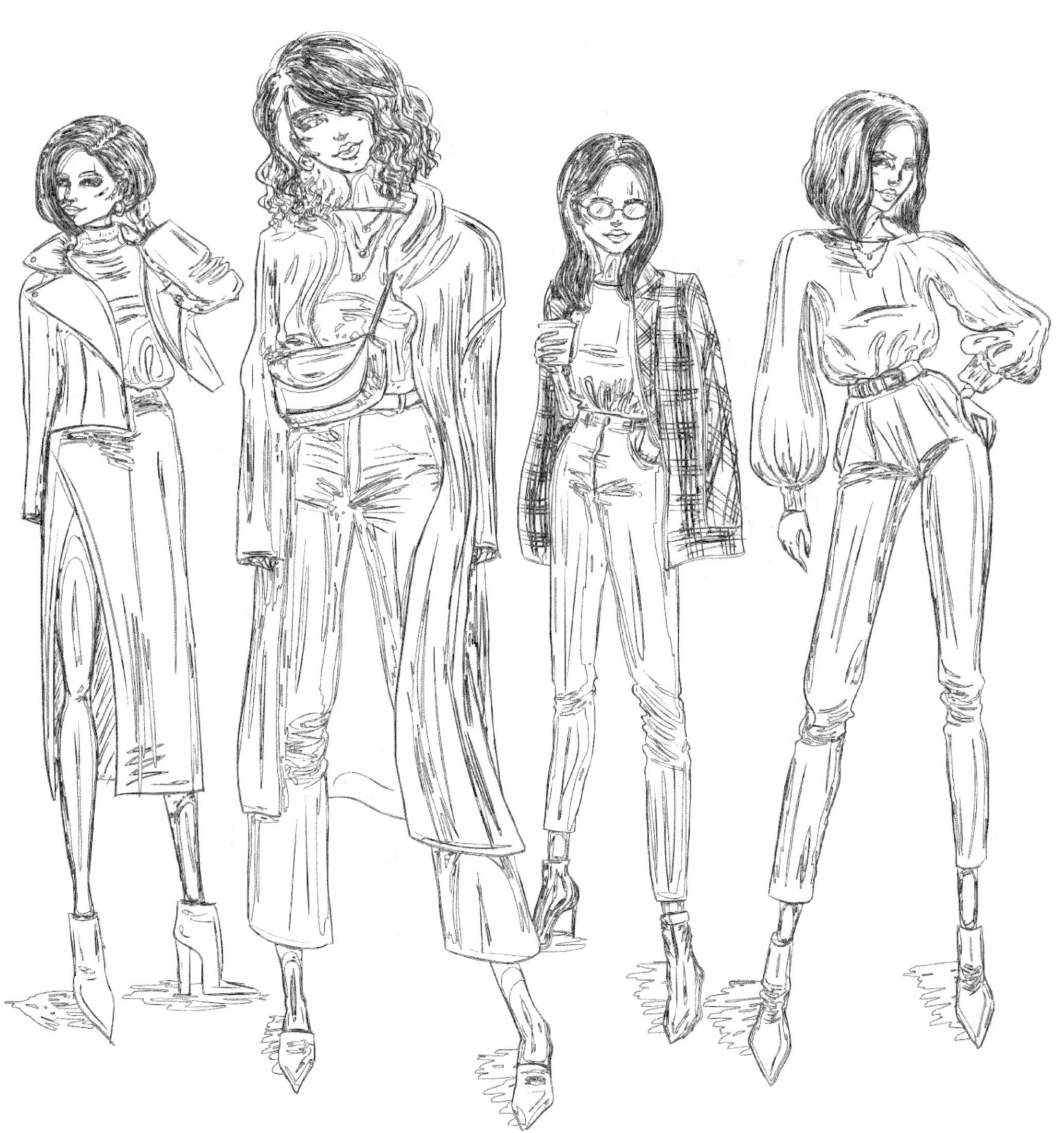

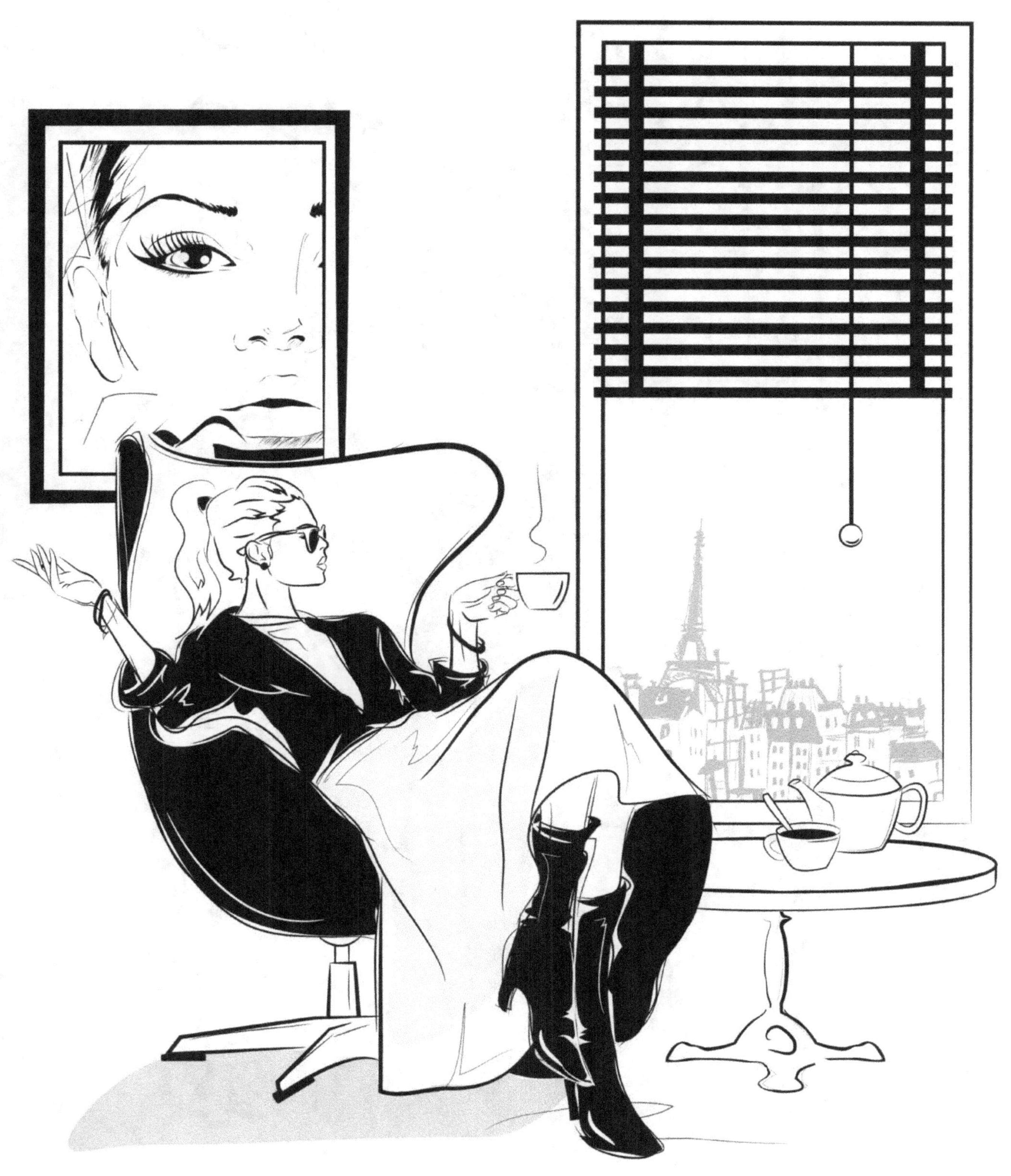

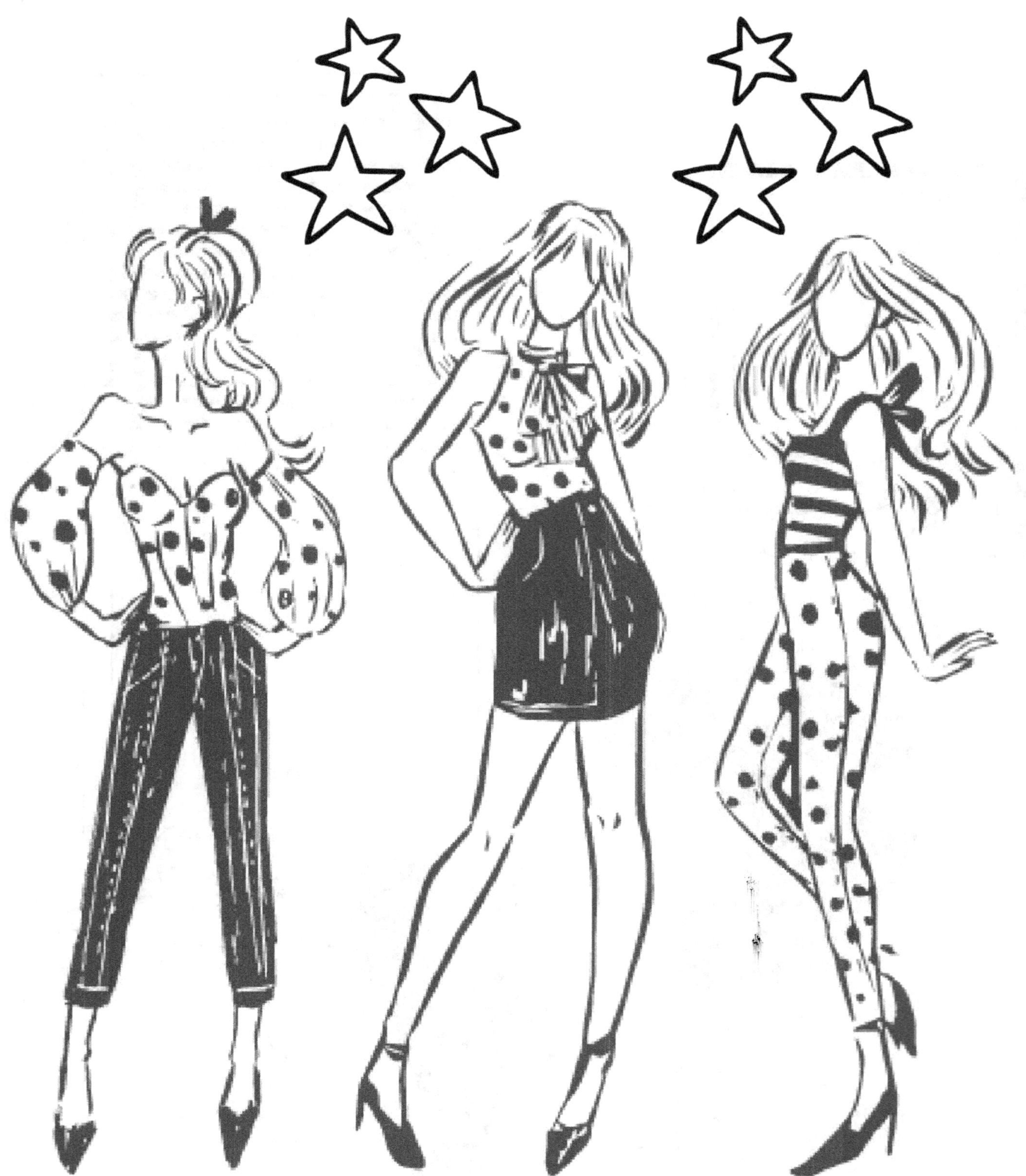

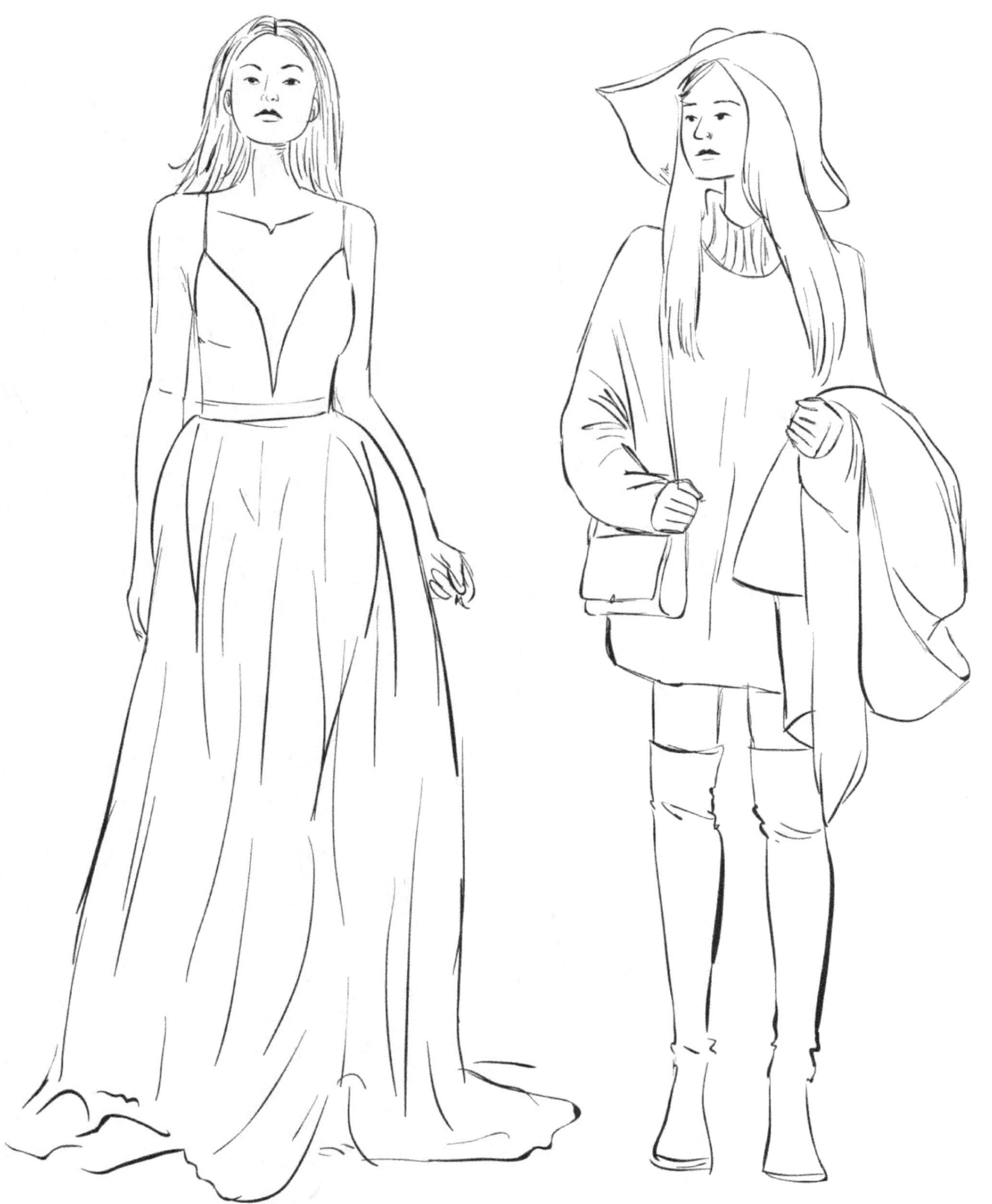

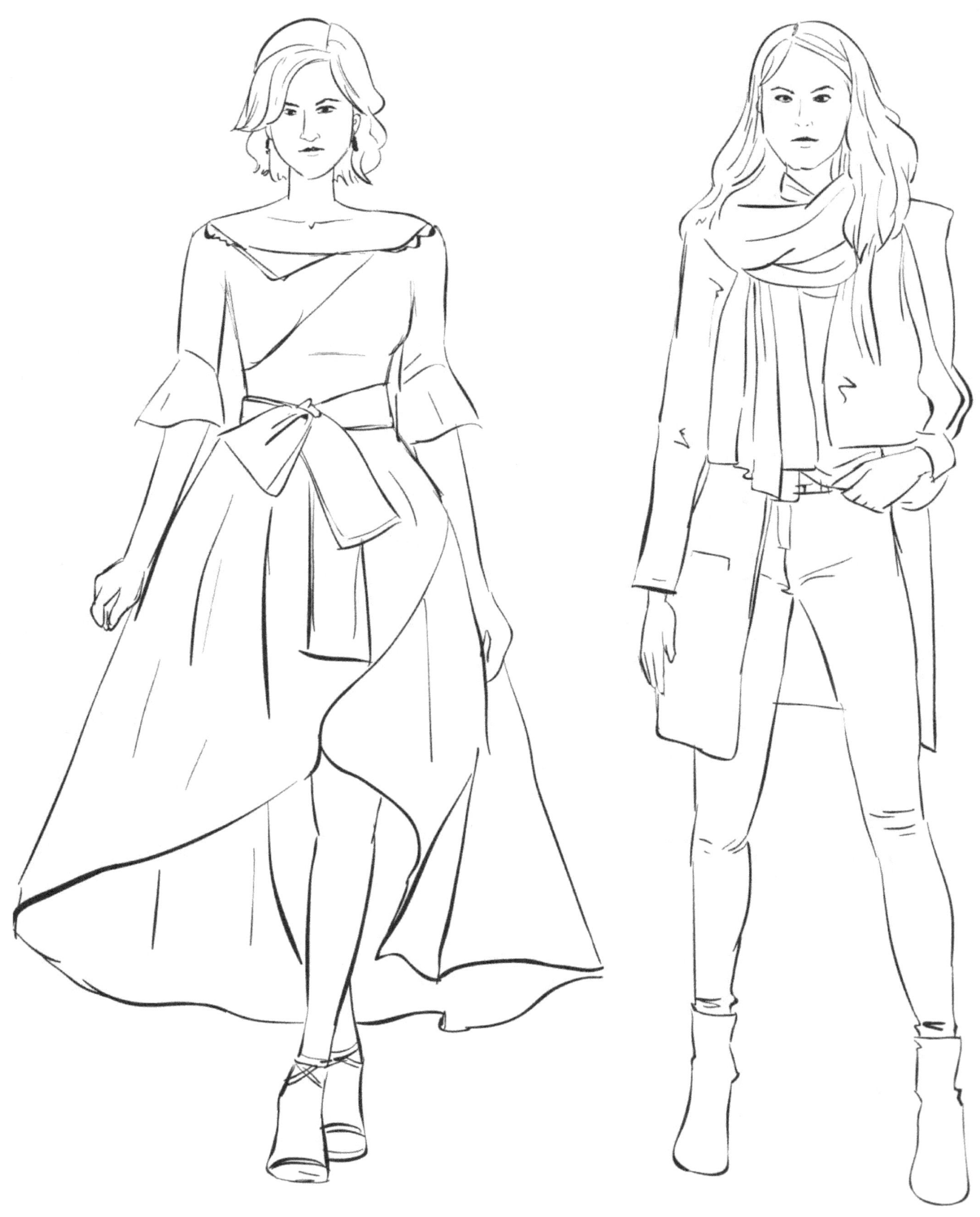

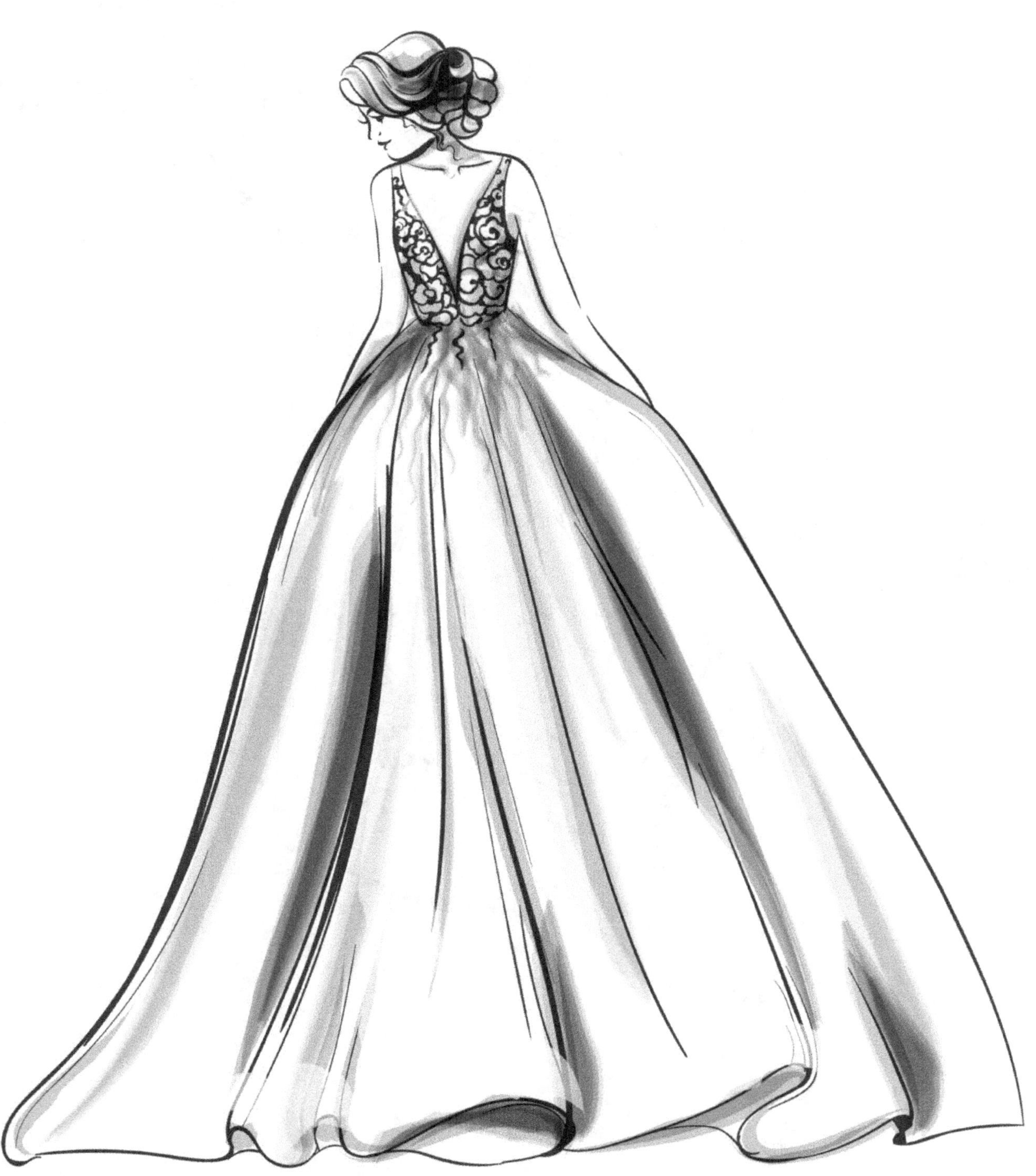

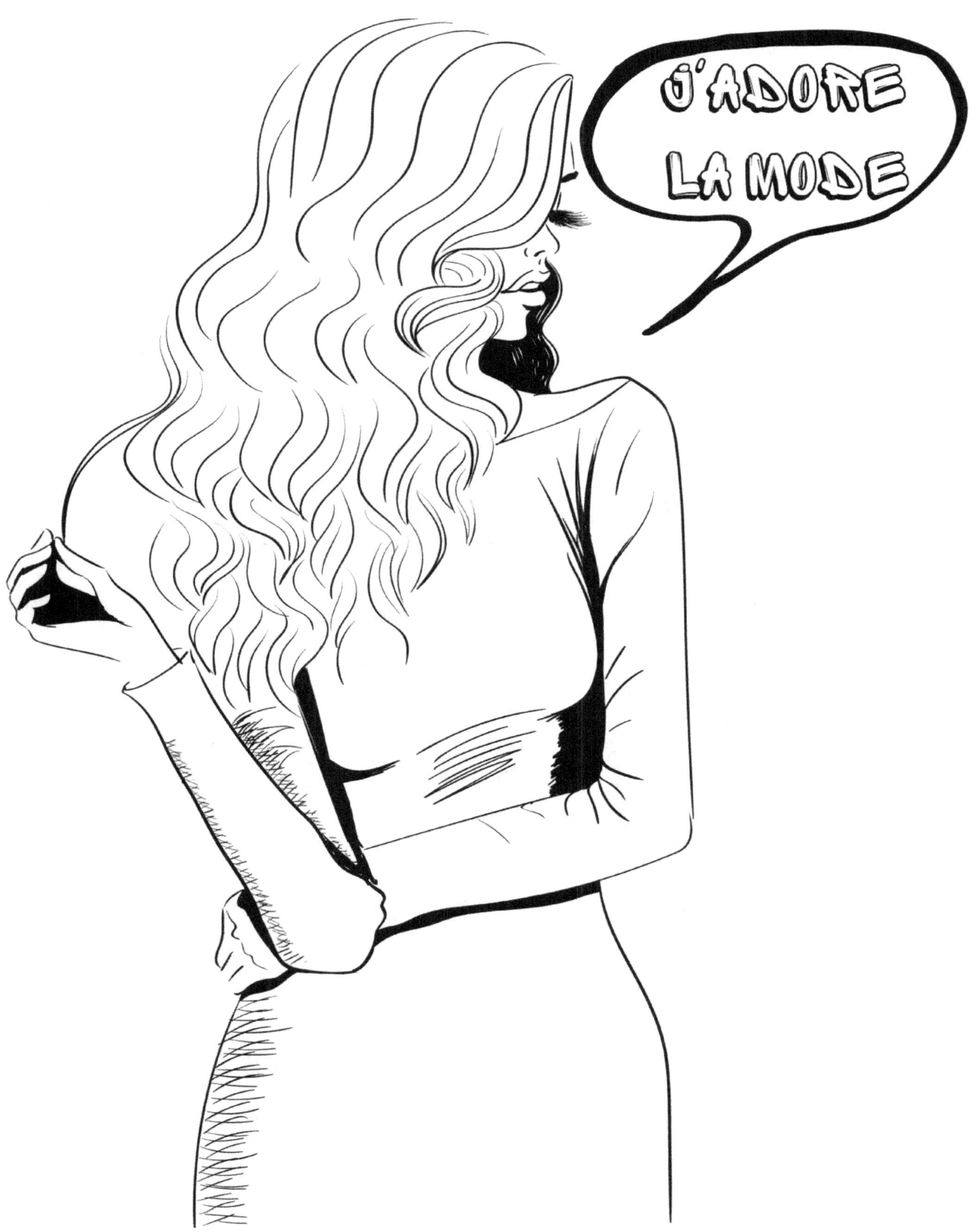
J'ADORE LA MODE

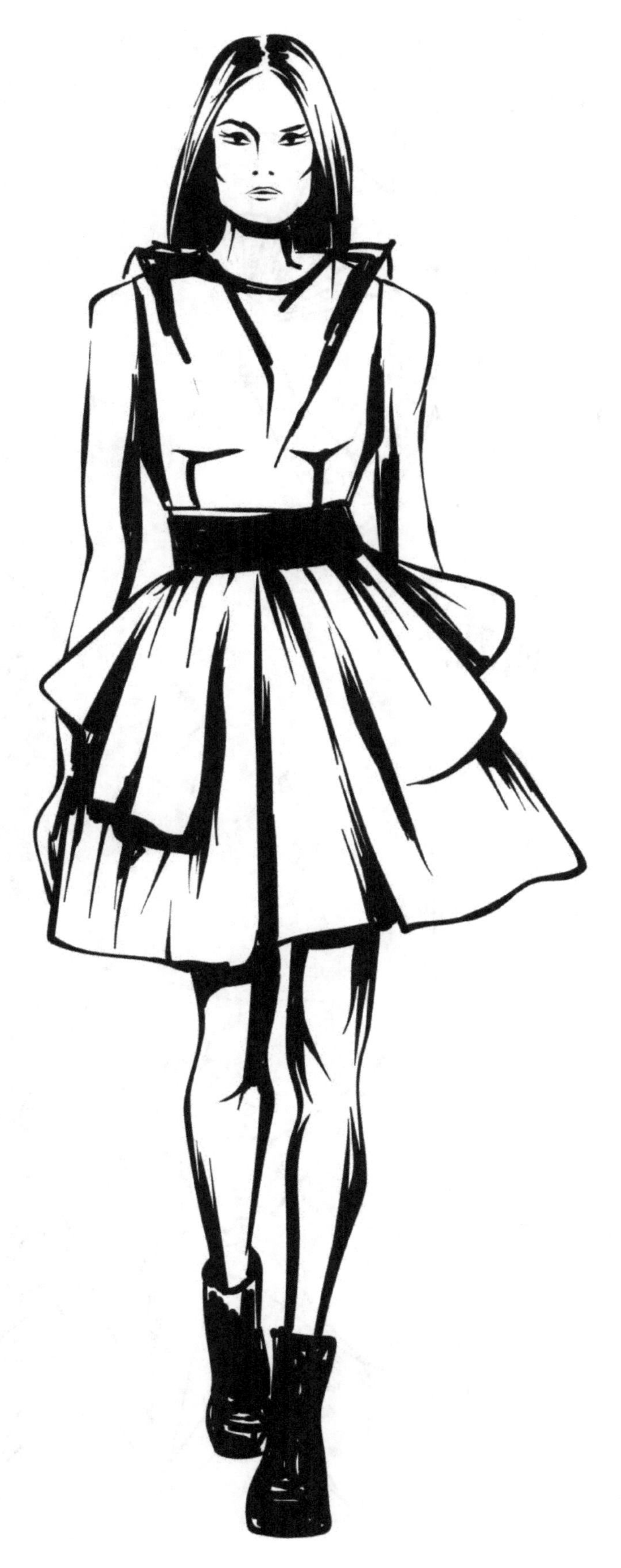

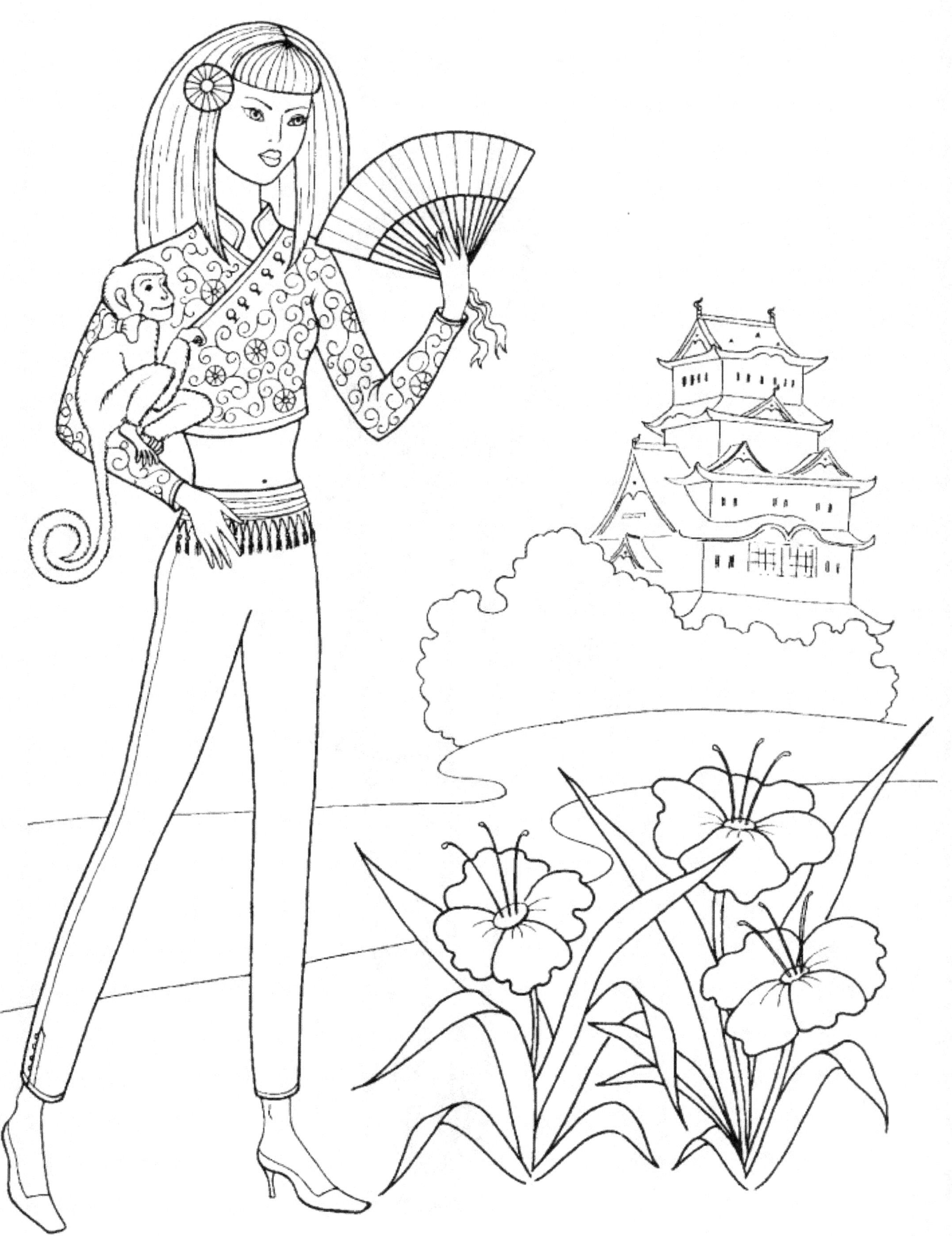

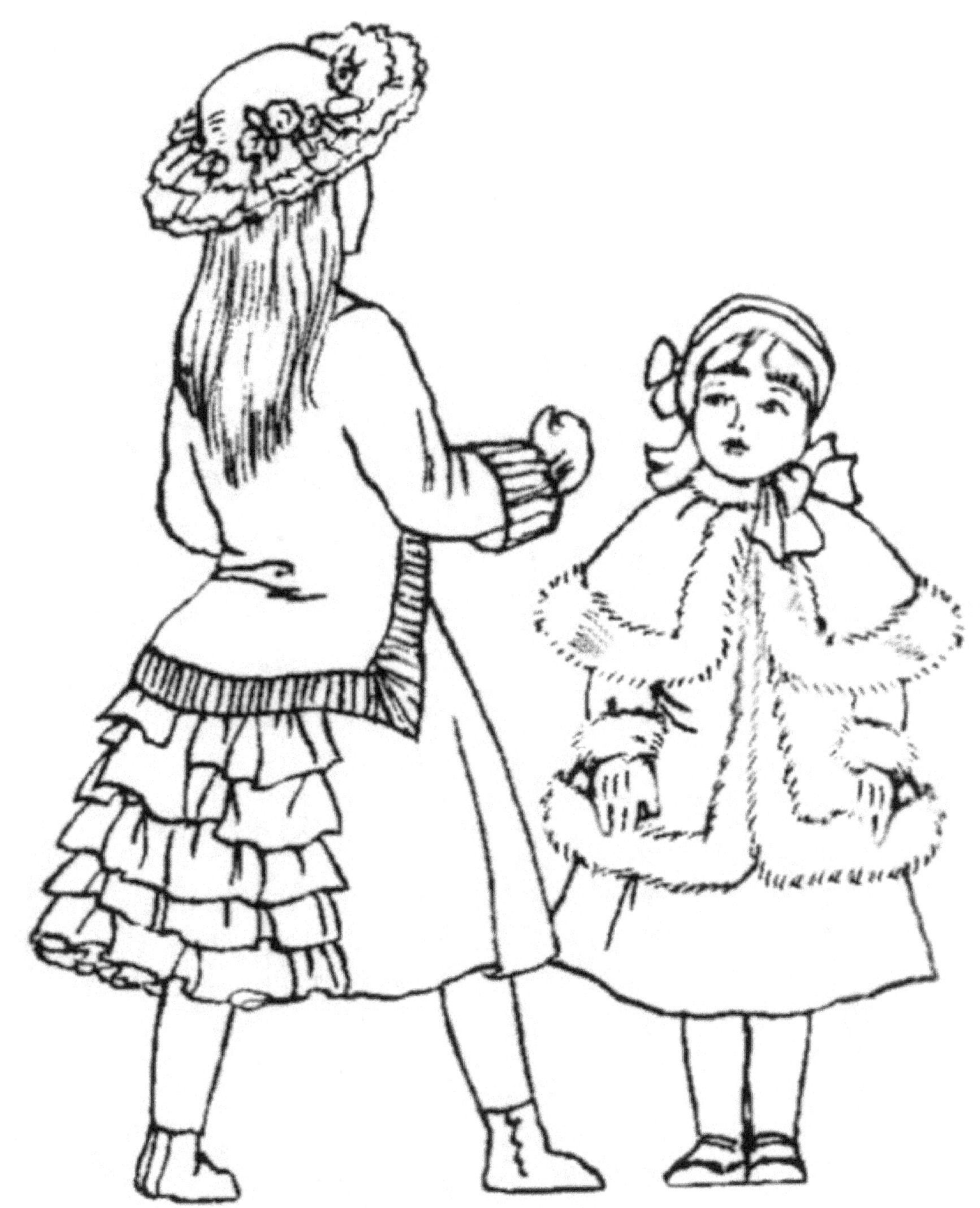

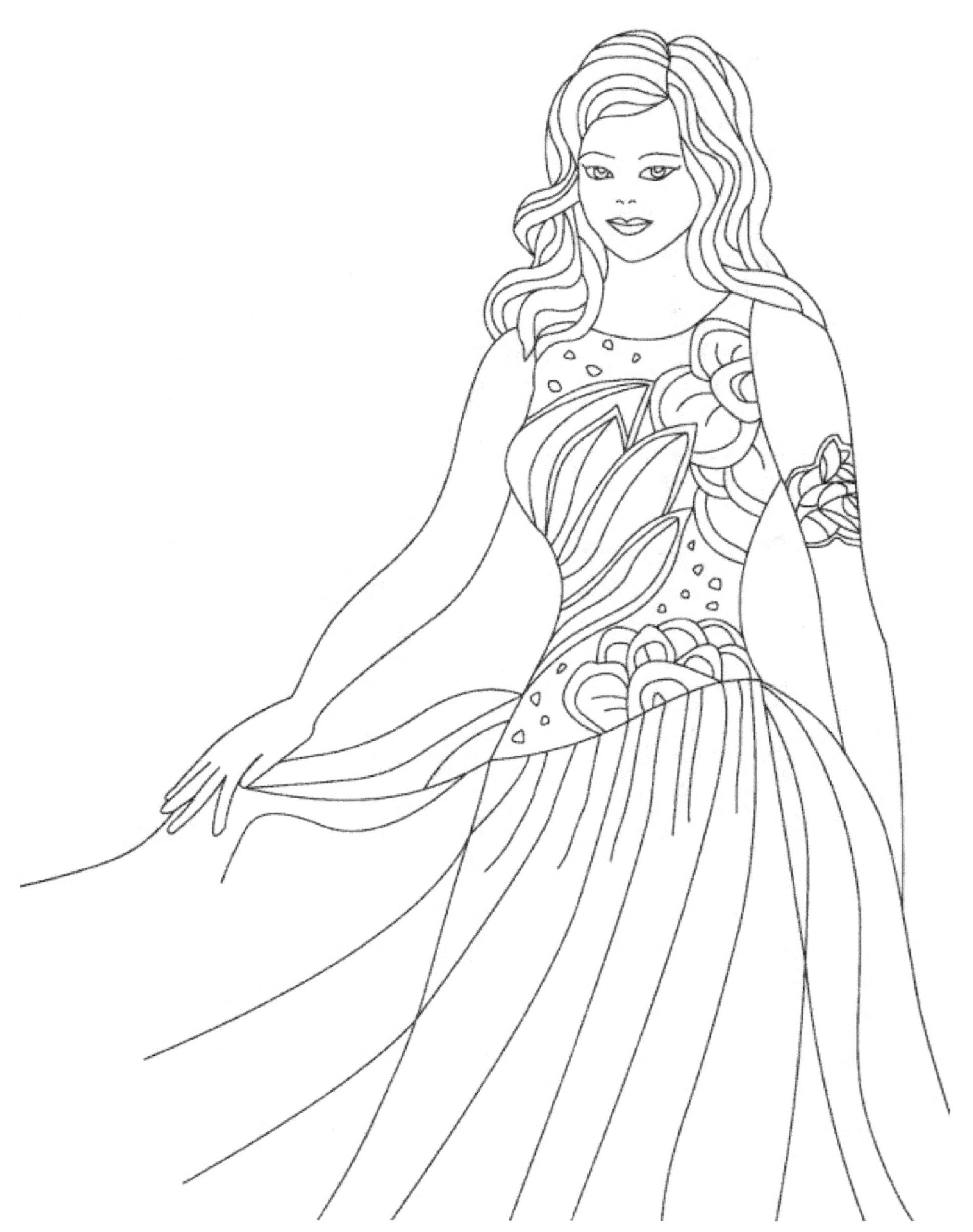

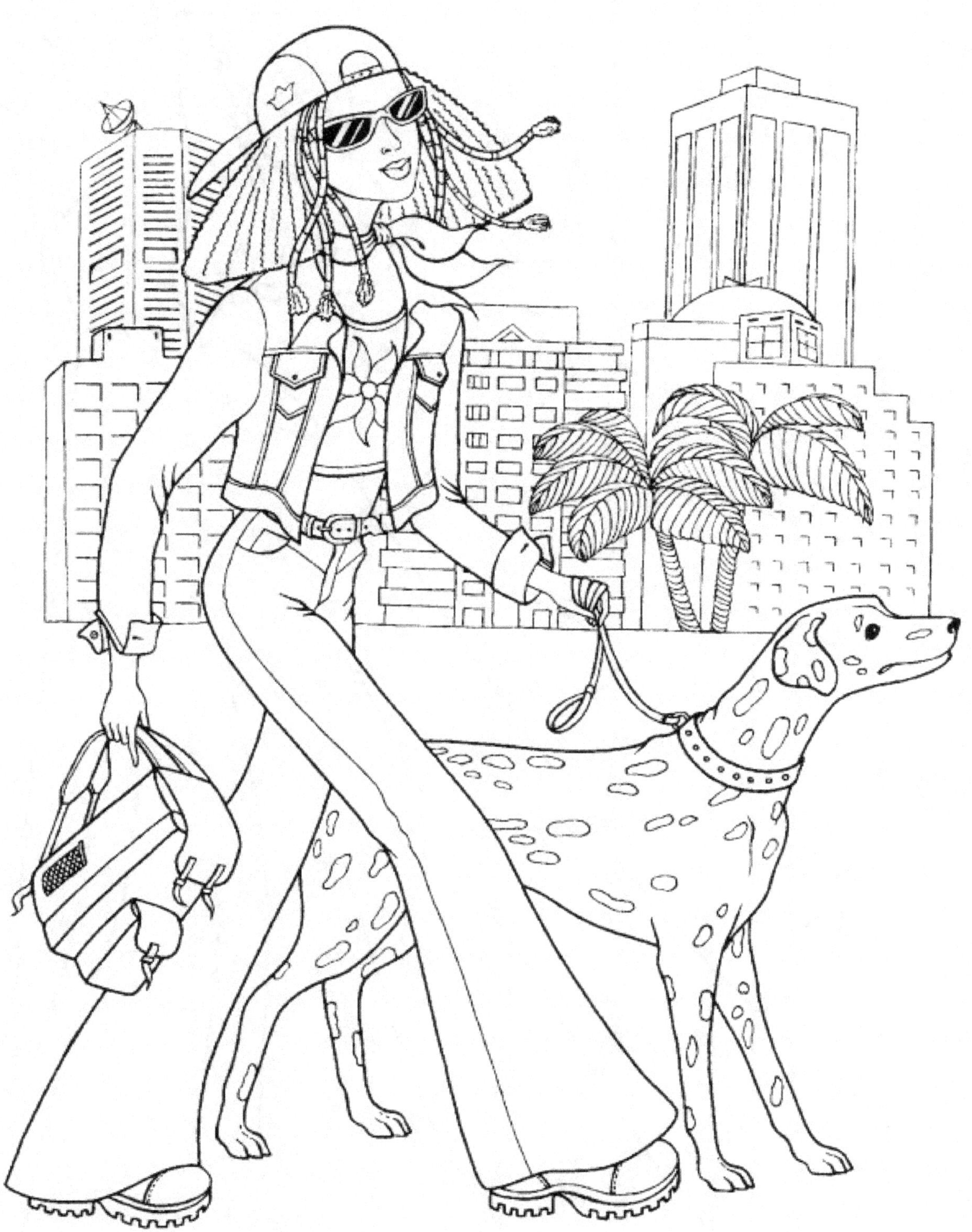

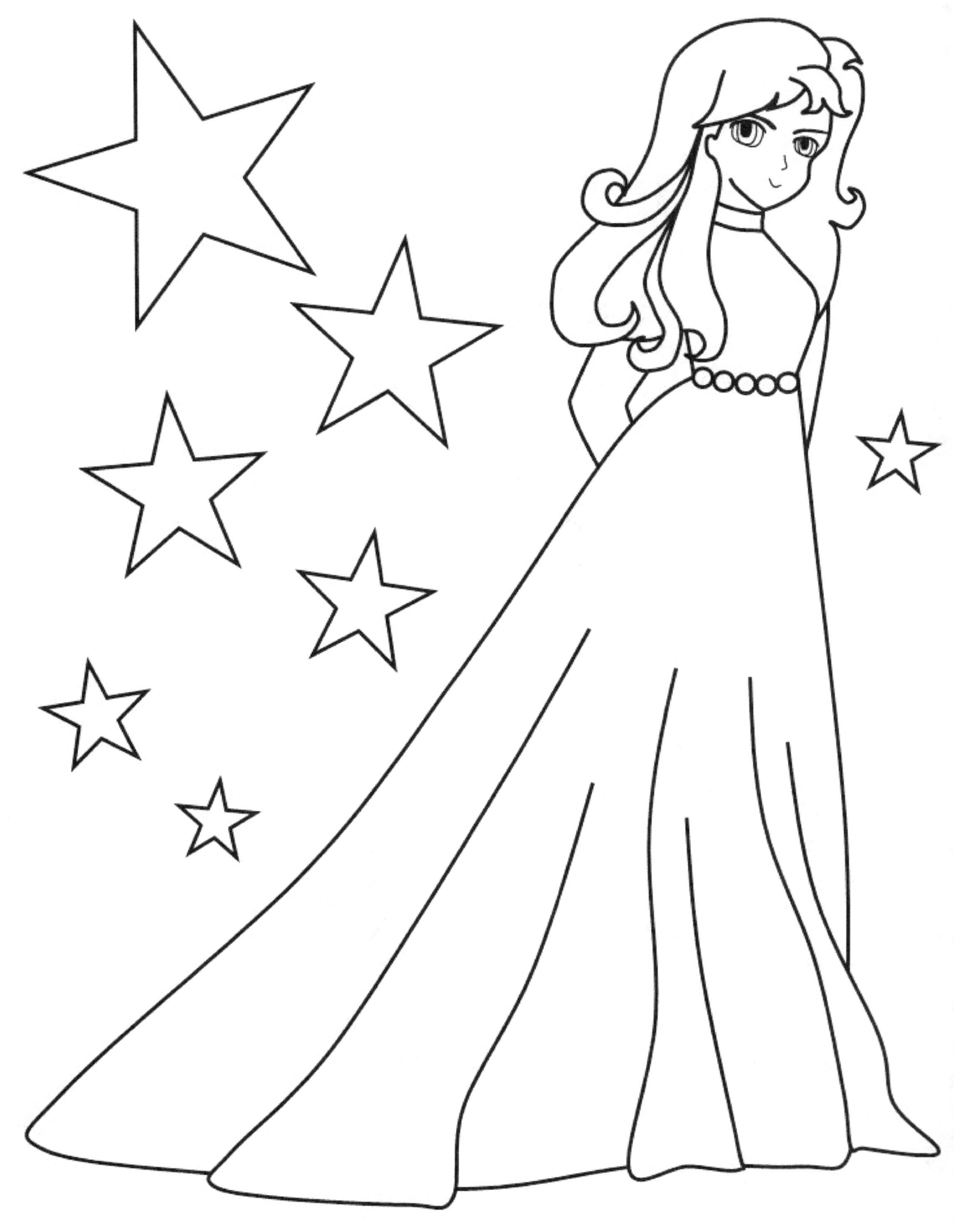

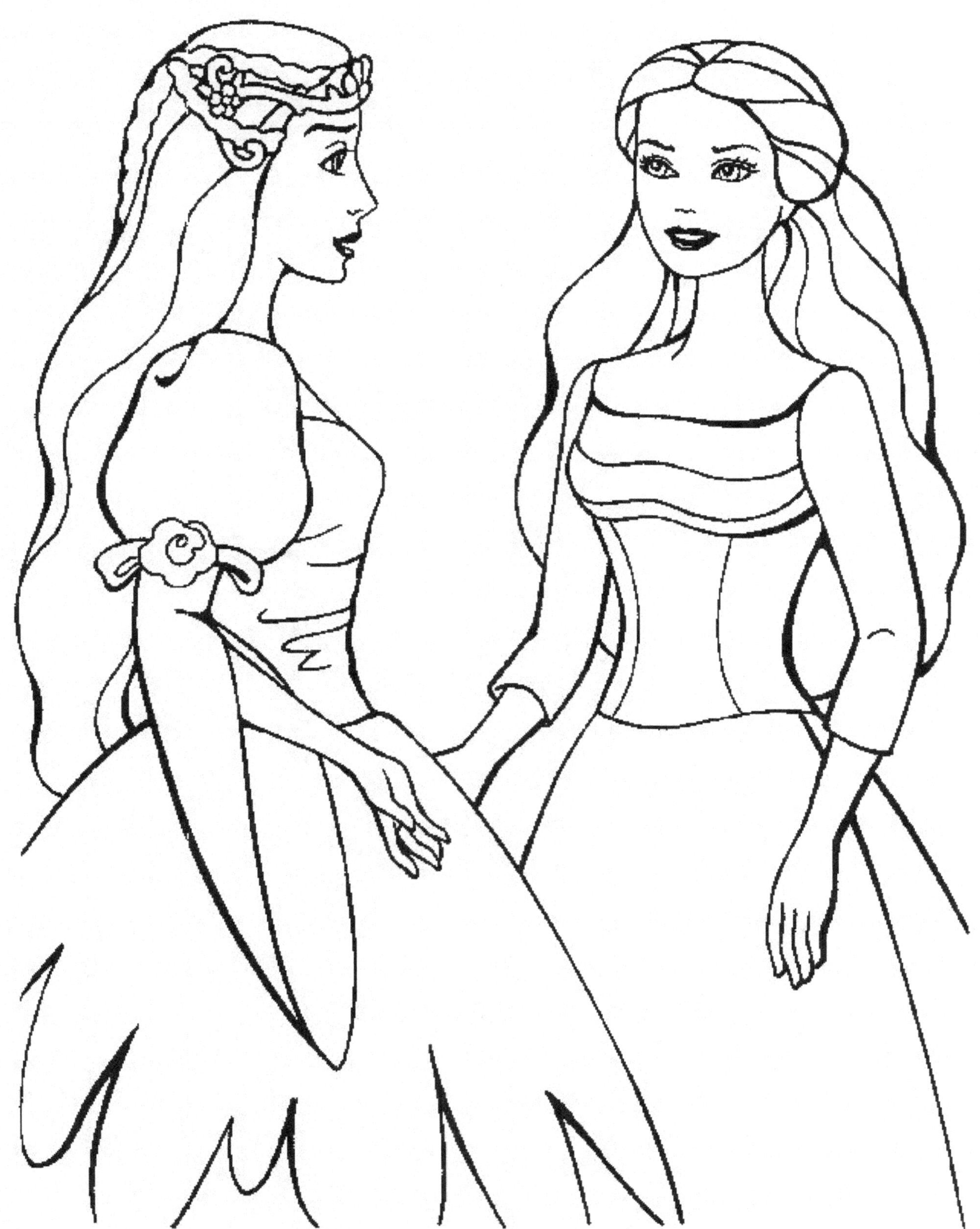